슬로보핫의 다섯 딸들

슬로보핫의 다섯 딸들

초판1쇄 인쇄 | 2020년 6월 15일
초판1쇄 발행 | 2020년 7월 1일

지은이 | 박기선·이설애
펴낸이 | 김진성
펴낸곳 | 벗나래

편 집 | 허 강
디자인 | 이은하
관 리 | 정보해

출판등록 | 2012년 4월 23일 제2016-000007호
주   소 | 경기도 수원시 장안구 팔달로237번길 37, 303(영화동)
대표전화 | 02) 323-4421
팩   스 | 02) 323-7753
전자우편 | kjs9653@hotmail.com

Copyright©by 박기선·이설애

값 14,000원
ISBN 978-89-97763-34-4 (03230)

* 잘못된 책은 서점에서 바꾸어 드립니다.
* 이 책은 저작권법의 보호를 받는 저작물이므로 무단전재와 복제를 금합니다.
  본문 내용을 사용할 경우 출판사의 허락을 받아야 합니다.

결혼 50주년 & 신앙 여정 70년을 돌아본
박기선 · 이설애 부부의 기도 노트

슬로보핫의 다섯 딸들

박기선 · 이설애 지음

기도에 대한 부담은 교회에 다니는 평신도들이라면 누구나 비슷하게 경험할 것이다. 나 역시 오랜 기간 신앙생활을 해왔어도 교회에서 기도 부탁이라도 받으면 거의 일주일 동안 몸살을 앓는다. 평소에도 구약의 시편과 잠언 같은 많은 기도문을 읽지만, 자나 깨나 기도에 대한 걱정은 멈추지 않는다. 예배의 성격에 따라 알맞은 기도를 준비해야 하기 때문이다. 어렵게 말씀의 주제를 잡고도 사복음서 뒤에 나오는 사도행전에서 요한 1, 2, 3서까지 몇 차례 순례한 뒤에야 겨우 적용할 말씀과 신앙인의 본보기를 찾을 때가 많다. 그런 후에도 대표기도를 하는 날이 되기까지는 매일 기도의 연속이 된다. 이때 올리는 찬양은 개인적으로 기도를 여는 지름길이 되어주곤 했다. 진정한 기도는 바로 이때가 아닌가도 생각한다.

남편도 마찬가지다. 시무장로 시절에는 각종 행사와 예배 그리고 심방할 때 대표로 기도하는 경우가 많았다. 대부분은 기도문 없이 기도했는데, 어느 때인가부터 기도문 없이 하는 기도가 바람직하지 않다고 생각됐는지, 사전에 예정된 행사나 대예배 시의 대표기도는 언제나 시간을 갖고 기도문을 준비했다. 그런 뒤 대략 일주일 전에 3분 분량의 기도문을 작성해서 암기한 후, 단에 올라가는 성실한 모습을 지켜왔다.

그동안 나는 우리 부부의 기도문을 꾸준히 모았다. 처음엔 내 자녀들에게 들려주고 싶은 부모의 마음으로 시작했다.

'우리 부모는 어떻게 기도를 준비했을까?'

앞으로 우리가 떠난 후라도 자녀들이 '기도'라는 숙제를 해야 할 때 조금이나마 참고가 되길 바라는 마음에서다.

"여보. 그동안 우리가 모아둔 기도문을 정리하여 책으로 내보면 어떨까요? 올해가 결혼 50주년이잖아요. 생각해 보니, 아이들에게 물려줄 신앙 유산으로, 이 기도문이 좋은 선물이 될 것 같은데 당신 생각은 어때요?"

휘둥그레진 눈으로 나를 바라보는 남편의 표정에는, '어떻게 이걸 책으로 펴낼 생각을 하지?'라고 얘기하는 게 역력했다. 왜 안 그러겠는가. 꼼꼼하고 정확하며 매사 완벽을 추구하는 남편으로선 가당치도 않은 일일 게다. 단 한 권의 책으로 만들어 우리만 본다 해도 용납이 되지 않을 성격인데, 이렇게 엉성하고 부실한 기도문을 책으로 내 이웃과 공유한다니 용납할 수 없었을 것이다. 그 마음을 나도 잘 안다. 그럼에도 나는 포기하지 않고 남편을 설득했고, 아쉬운 대로나마 책으로 출간해 보기로 했다.

유년 시절 아버지의 교훈대로 어느 주일 저녁 교회에서 '회개' 기도를 드린 것이 기도에 대한 나의 첫 경험이었다. 초등학교 3학년인 동생이 학교에서 시험시간에 '컨닝'한 죄를 회개하며 눈물 콧물을 흘렸는데, 옆에서 내가 웃었던 기억도 난다.

이 원고는 우리 부부가 한 교회를 60년 넘게 출석하며 신앙생활을 하는 동안 필요에 따라, 그리고 내가 개인적으로 섬기는 기관들과 우리 가정사에 국한하여 준비했던 기도 원고들이 주를 이룬다. 따라서 여느 전문 서적처럼 기도를 폭넓게 아우르고 있지도 못하고, 글 또한 성글기 짝이 없다. 그러나 하나님께로 향한 사랑과 주신 은총에 대한 감사는 차고 넘치는데, 이것을 표현할 입술은 둔탁하여 가슴을 찢거나 밤새우며 무릎으로 나아갔던 시간의 산물들이다. 이 점 여러분의 이해를 구하며, 책 곳곳에서 발견되는 허술함 또한 사랑으로 봐주었으면 좋겠다.

기도는 하나님 아버지와의 대화이므로 개인 기도의 대화 내용은 공개할 수 없겠지만, 대표기도는 듣는 성도들의 '아멘'과 함께 드려지는 기도이므로 공개해도 무방할 것으로 생각한다. 부족한 점이 많지만 내 기도를 들으시고 응답해 주시며, 여기까지 동행해 주신 하나님 아버지의 은혜에 감사하는 마음으로 남편의 기도문과 나의 기도문 약 70편을 추렸다.

오늘까지 우리 가정을 이끌어 주신 하나님 아버지께 찬송과 감사를 드린다. 지금의 나와 남편을 있게 해준 양가의 부모님들과 가족들, 사랑하는 동생들(이근애 목사, 이성애 목사, 이신애 권사, 이순애 권사), 교회와 교우들에게 깊은 감사와 사랑의 마음을 전한다. 그리고 믿음 안에서 멋진 성인으로 자라준 아들 박광일과 박광엽, 현숙한 자부 김문경, 우리 가정의 보배이자 꿈동이인 손자들(박현성과 박현민), 사랑하고 축복한다.

그동안 나와 함께 해온 한국목회상담연구소, 백석대학교 상담센터, 교회갱신협의회 총체적복음사역연구소, 강남노회 여전도회 연합회, 강남노인복지센터 그리고 목회상담의 길을 인도해 주신 이관직 교수님, 이 기도문을 세상에 내놓기를 주저하는 내게 용기와 실제적인 도움을 주신 봉은희 교수님께 진심으로 감사를 표한다. 긍정적인 피드백으로 함께 힘을 주셨던 북코칭 과정의 동역자들과 최현 집사님의 노고에 진심으로 감사의 마음을 전한다.

2020년 5월
봄을 배웅하며
박기선, 이설애

하루 같았던 70년

내 삶에 불어닥친 첫 번째 지각 변동은 중학교 1학년 때였다. 나는 오 남매의 맏딸로 태어났다. 목회자이신 아버지와 기독교 문화권 안에서 행복한 청소년 시절을 보내던 나는 아버지의 갑작스러운 소천을 받아들여야 했다. 젊은 목회자로 촉망받던 아버지가 유학 중에 얻은 지병으로 소천하시자, 우리 가정에는 불행이 찾아왔다.

겨우 중학교 1학년이었던 나는 하나님의 뜻이라고 받아들이기엔 이 상황이 선뜻 납득이 되지 않았다. 실의에 빠진 나는 한동안 교회 출석을 하지 않았다.

'온 집안의 희망을 가져가신 하나님! 어떻게 이러실 수가 있으세요?'

나는 하나님께 기도 대신 미움과 원망을 쏟아 보냈다. 두 달이 되어갈 무렵, 어머니와 동생 넷이 서울로 떠나고, 시골에서 중학교에 다니던 나는 할아버지께 맡겨졌다. 너무 외로웠다. 두 달을 버티다가, 막막한 내 미래를 의탁할 대상이 없어 손을 들고 하나님 앞에 무릎을 꿇었다. 그때였다.

"내가 네 아버지가 되어줄게."

기도하던 내게 이런 음성을 들려주시고 내 손을 잡아 일으키신 분이 하나님 아버지셨다. 뛸 만큼 기뻤다. 그 후 나는 목놓아 울고 싶을 때면 교회로 달려갔다. 그때마다 위로와 용기를 얻어 공부를 시작할 수 있었다.

서울로 올라온 후에도 학교에서 돌아올 때면 울 곳을 찾아 교회에 들렀다. 기도라기보다 늘 하소연하고 집에 가곤 했다. 그래야 어머니께 웃는 얼굴을 보여 드릴 수 있었다. 불확실한 미래와 암담한 현실에서 내 손을 잡아주시는 분은 하나님이셨다. 아버지의 빈자리를 채워주신 하나님과 교회는 내 유일한 안식처였다.

맏이인 나는 어머니 요청에 따라 가정을 돕기 위해 약학대학에 진학했다. 돈이 필요했던 나는 서너 개의 과외 아르바이트를 뛰다가 어느 날 쓰러지고 말았다. 의사가 왕진을 와서 내린 진단은 '영양실조'였다. 가슴이 뛰고 고열이 계속돼 링거도 맞지 못하고 약을 먹어도 토했다. 그러자 어머니가 이웃에 사시는 권사님을 불러오셨다.

"예수는 나의 힘이요, 내 생명 되시니~~~"

찬양을 부르기 시작하자 흐르는 눈물을 주체할 수 없었다. 누워 있던 내가 벌떡 일어나 찬양을 불렀다. 순식간에 열이 식었다. 하나님이 나를 살리셨다. 신유의 은혜를 체험한 것이다.

대학생 시절에는 교회 주일학교 교사로 봉사했다. 기존의 노래 지도와 함께 우화 중심의 동화를 성경 동화로 바꾸고, 어린이 성가대도 조직했다. 달동네 가난한 아이들에게 좋은 선생님이 되어 주고 싶었다. 일 년 중 가장 큰 행사인 여름 성경학교 준비를 위해 통합 측에서 진행하는 교사 훈련을 받았다. 그리고 돌아와 본 교회 여름 성경학교 교사 훈련을 인도했다. 여름 성경학교에는 많은 어린이가 등록했다. 우리 교회 여름 성경학교가 끝나자, 서산 인지성결교회에서 여름 성경학교 강사로 나를 초청했다. 이번에도 먼저 교사 훈련을 하고 여름 성경학교를 진행했다. 서울에서 강사가 왔다고 소문이 났는지, 많은 어린이가 몰려들었다. 방학에는 오로지 그 일에만 열중했다.

처녀시절 나는 결혼에 뜻이 없었다. 아버지도 안 계신 집에서 어머니 홀로 우리 5남매를 책임지게 할 수는 없었다. 그러나 어머니는 내 뜻을 아시고 나를 설득하셨다.

"설애야, 네가 그동안 맏딸로서 내 짐을 덜어주려고 고생한 것 다 안다. 너는 내게 아주 든든하고 자랑스러운 딸이다. 그러나 네가 시집도 안 가고 동생들 책임지려는 걸 엄마로서는 절대 찬성할 수가 없구나. 지금까지 한 것만으로도 충분하다. 나는 네가 하나님이 짝지어 주신 배필을 만나 좋은 가정을 이루고 사는 모습을 보고 싶다."

어머니의 간절한 기도 덕분이었을까. 나는 남편을 교회에서 만났다. 남편은 고등부 회장이었고, 나는 부회장이었다. 그 당시 남편의 성실한 모습은 내가 보기에도 믿음이 갔다. 남편은 처음 만난 그때부터 지금까지 가장 신뢰할 만한 친구였고, 가장 가깝고도 든든한 나의 지원군이다.

3남 3녀 중 막내아들로 태어난 남편 역시 해방과 6.25 전쟁으로 힘든 세월을 보냈다. 의용군이었던 큰형은 북한군에게 끌려갔고, 그로 인해 남편은 겨우 열한 살 때 화병을 앓으시던 아버지마저 잃었다. 홀로 5남매를 책임지신 시어머님은 이때부터 열심히 새벽기도에 다니셨다. 새벽밥을 지으면서 생사를 모르는 큰아주버님과 어린 형제들을 위해 늘 우시면서 기도로 사신 세월이었다.

남편은 우등생들이 가는 용산중학교에 진학했으나 어려운 가정 형편 탓에 대학을 포기하고 상업학교로 진학한 후 한국은행에 취직했다. 은행 재직 중 국제대학 경영학과를 졸업하고, 은행의 장학생으로 선발되어 1974년도에 연세대학교 경영대학원에서 '컴퓨터 이용이 은행 업무에 미치는 영향'이란 논문으로 석사 학위를 받았다. 이후 은행 생활은 대부분 컴퓨터와 관련된 부서에서 근무했고, 짧은 기간이었지만 은행감독원에서 검사역으로도 근무했다. 1998년 IMF로 인해 조기 명예퇴직을 했고, 2000년 예금보험공사에 입사해 2년간 충남 장항상호신용금고의 파산관재인으로 근무했다.

2005년에 장로찬양단 코랄카리스에 입단했는데, 이 합창단은 서울에 있는 48개 초교파교회의 장로들로 구성된 남성합창단으로 1991년 12월에 창단되었다. 한 해는 국내에서 정기연주회를 하고, 다음 해는 해외 선교찬양을 하면서 서울과 근교의 교회들을 방문해 찬양 예배를 드린다. 4년 전에는 미국 카네기홀에서 미국 교회들과 연합연주회를 가졌고, 지난해 11월 9일에는 KBS홀에서 제15회 정기연주회를 열었다. 찬양이 주는 많은 영적 은혜를 통해서 기도 생활에 큰 도움을 받고 있다.

남편은 장로로 장립받은 후 15년간 시무하고, 은퇴한 후 지금까지 한 교회를 65년째 섬겨오고 있다. 교회·나라·차세대를 위한 기도에 우선순위를 두며 살아가게 하신 은혜에 감사하는 남편은, 늘 하나님의 은혜에 행복하다는 말을 입에 달고 산다.

**친정은 목회자이신 아버지가 일찍 소천하시고 다섯 딸만 남겨졌
다.** 맏딸로 태어난 나는 부모님과 고모들의 사랑을 많이 받고 성
장했다. 다만 외아들이신 아버지에게 아들이 없어서 대가 끊어졌
다는 어른들의 슬픔 섞인 한숨이 간간이 들리곤 했다. 그러다 보
니 결혼 후 가장 간절한 나의 기도 제목은 사랑하는 어머니께 '손
자'를 안겨드리는 일이었다. 한나가 슬픔 속에서도 여호와 앞에
애통한 심정을 토로하는 기도를 드리자, 하나님은 아들 사무엘을
주셨다. 나는 하나님께 매달렸다.

"하나님, 우리 가정에 자녀를 주시기로 작정하셨다면 첫아들을
주옵소서. 우리 가정의 슬픔을 기쁨으로 회복할 수 있는 은혜를
주옵소서. 하나님께 구한 것을 허락하시기를 원합니다. 이런 기도
를 올리는 저를 나무라지 마시고, 한나처럼 은혜 입기를 원합니
다. 기도대로 허락하신다면 바르고 착한 믿음의 아들로 양육하겠
습니다."

신실하신 하나님은 약속대로 내게 첫아들을 안겨 주셨다.

오월의 화창한 봄날, 나는 오전부터 진통이 와서 세브란스로 달
려갔다. 많은 산모와 한 방에 있었다. 첫 출산이어서인지 진통이

뜸한 나를 보더니 의사는 출산하려면 아직 멀었다고 했다. 게다가 이미 아이를 낳아본 다른 산모들이 한마디씩을 보탰다.

"눈에 별이 몇 번이나 번쩍거려야 출산해요."

그 말을 들으니 덜컥 겁이 나고 두려웠다. 아들을 달라고 기도했는데 이 어려운 일은 어떻게 통과할지 감히 생각도 나지 않았다. 이렇게 고통이 심하니 내 기도는 아무 힘도 없는 것 같았다. 그래도 기도 외에는 할 수 있는 일이 없었다.

'하나님, 이 위급한 시간에 주님 생각이 납니다. 살이 찢기고 피를 다 쏟는 그 아픔 속에서 사람들의 조롱과 야유를 견디며 아버지까지 외면하시는 순간, 얼마나 고통스러우셨습니까. 저는 자녀를 출산하기 위한 고통이건만 주님은 아무 죄도 없으신데 나를 위해 목숨을 버리셨습니다. 그러니 주님을 생각하면 저도 견딜 수 있겠습니다…'

그때 세브란스 간호사로 근무하는 둘째 동생이 수술복을 입고 찾아와 손을 잡아주었다. 하나님께서 내게 보낸 천사 같았다. 오전 4시부터 오후 4시까지 진통이 계속되자, 양가 어머니들은 산모가 먹은 것이 없어 출산이 어렵다며 무엇이라고 먹여야 한다고 발을 동동 구르셨다. 그때였다.

"아~ 앙!"

아기의 우렁찬 울음소리 뒤로 "사내아이예요!"라는 간호사의 목소리가 들렸다. 기도의 응답이 터졌다. 눈물이 핑 돌았다.

'기도대로 주신 아버지, 감사합니다.'

친정어머니가 덩실덩실 춤을 추셨다. 그날은 어머니가 노량진 구청에서 '장한 어머니상'을 수상한 날이기도 했다. 방 안에 있던 우리 모두의 눈은 감사의 눈물, 기쁨의 눈물로 범벅이 되었다. 이 손자는 우리 어머니에게 인생 최고의 선물이었다. 참으로 생명의 주관자이시며, 역사를 움직이시는 하나님 아버지께 감사밖에 드릴 게 없었다. 기이하게도 세브란스 산부인과에서 1주일간 딸만 출산하다가 아들이 오늘 처음이라고 의사와 간호사들도 축하해 주었다.

'멋진 하나님 아버지, 어떻게 제게 이런 큰 선물을 주셨는지요. 이 아들을 하나님의 자녀답게 잘 양육하겠습니다. 이 감동, 이 은혜를 평생 사는 동안 마음에 간직하고 감사하겠습니다. 제가 효도하는 길을 여셨으니 큰 은혜를 입었습니다. 하나님이 저를 환하게 웃게 하신 것처럼, 저도 하나님께서 환히 웃으실 수 있게 해드릴 것을 약속드립니다. 할렐루야! 모든 영광을 하나님께 올려드립니다.'

첫아들 광일이의 첫돌 축하예배를 드리는 날이었다. 교회에서 담임목사님과 전도사님, 권사님들이 모두 우리 집에 오셨다. 내가 그랬듯 우리 집안의 첫손자로 태어난 아들 광일이도 돌이 될 때까지 할머니, 고모, 이모들, 모든 가족의 사랑 속에 자랐다. 특히 광일이를 치료해 주시던 '삼중병원' 원장 장 박사는 '미스터, 강남'이라는 애칭으로 불러주시기까지 했다.

첫돌 축하예배가 시작되고 음식을 준비하던 나는 잠깐 아기를 보러 갔다. 왜일까. 내 눈엔 아이가 조금 이상했다. 뭔가 내 얼굴에 불안한 빛이 보이셨는지, 친정 고모님이 가까이 오시더니 아기에게 젖을 먹여 보라고 했다. 그런데 아이 얼굴이 파랗게 질려 있었고, 젖을 먹지 못했다.

"목사님! 아이가 숨을 쉬지 않아요."

사방에서 모두 아기에게 시선이 집중됐다. 그러더니 어디선가 다급한 소리가 났다.

"아! 돌반지가 하나 없어졌어요."

그러자 의사였던 목사님께서 순간적으로 아이를 거꾸로 들고 목을 툭 쳤다. 아기 입에서 피 묻은 반지가 떨어졌다. 돌 선물로 금반지가 많이 들어오니까 이모들이 다섯 손가락에 모두 끼워 주고 너무 예쁘다고 했단다. 아이가 손가락을 빠는 것을 미처 생각하지 못했던 것이다. 놀란 아이를 따뜻한 목욕물에 담가 주었다. 목욕을 좋아했던 아이는 금방 웃음을 되찾았다.

"정상입니다. 살려주신 하나님께 영광을 돌립니다."

그때야 모두 안심하면서 은혜로운 예배를 드리게 되었다.

"한 치 앞을 모르는 우매한 어미의 모습을 보시고 도우시는 하나님 손길 때문에 아이가 살았습니다. 이 아이가 크면 하나님이 살려주신 이야기를 꼭 들려주겠습니다. 아들을 주셨다 해도 지켜주시는 것은 사람이 아님을 다시 한 번 깨닫게 하시니 감사합니다. 이 아이의 장래까지 책임져 주시기를 간절히 바랍니다. 우리의 유일한 구원자 되신 예수님의 이름으로 기도합니다. 아멘."

큰아이가 세 살 되던 해 팔월, 주일 아침 6시였다. 주일예배를 준비해야 하는 시간에 태아의 움직임으로 불안한 상태가 되었다. 둘째를 가진 만삭의 몸이었다. 남편과 함께 집에서 가까운 흑석동 성모병원(현 서울성모병원)으로 택시를 타고 갔다. 산모가 위급하다고 하자 병원에서 나를 들것에 태우고 2층 분만실로 올라가는데, 그만 나를 떨어뜨리고 말았다. 병원 의료진도 아직 잠이 덜 깬 상황일 정도로 긴박한 순간이었다.

분만실에 도착하자마자 출산 준비를 해달라고 요청했다. 그런

데 의사가 인턴이었는지 내 상태를 보더니 다급하게 소리쳤다.

"모두 열려 있습니다! 애가 거꾸로 있어요. 아, 나는 한 번도 해 본 적이 없는데…!"

그러면서 급히 밖에 있는 보호자를 불렀다.

"산모와 아이 둘 다 위험해요. 산모, 아이 중 누굴 살려야 하죠?"

"산모요."

다급한 남편의 목소리가 들렸다. 출혈을 대비해서 간호사가 링거를 꽂았는데, 나중에서야 병원복을 입힌다며 옷을 가위로 자르는 기가 막힌 상황까지 이어졌다. 의료진도 허둥대고 있으니 나는 말할 것도 없었다. 어찌해야 할지 막막했다. 그저 입술만 달싹거리며 숨가쁘게 기도했다.

"하나님 아버지, 지금은 의사를 믿을 수 없어요. 아이도 저도 위험하대요. 살려만 주세요!"

순간 아기의 다리가 먼저 나온 후, 울음소리를 내면서 둘째가 세상으로 나왔다. 산모가 출혈이 심하다고 야단이지만 나는 주님만 불렀다. 아이도 살고 나도 사는 기적을 보았다. 의료진은 아무것도 해줄 수 없었지만 주님이 나를 지켜 주셨다.

아이는 한 달이나 먼저 나와서 인큐베이터로 들어가야 했다.

조산에다 거꾸로 나오는 것이 상당히 위험해서 의료진도 긴장했던 것 같다. 나는 약국에 근무할 때도 임신 중에는 낮에만 근무하며 컨디션을 조절했다. 그러면서도 가끔은 조금씩 힘들어했지만, 이런 결과가 되리라고는 생각도 하지 못했다. 힘없는 내 눈에서는 눈물만 흘렸고, 아이를 생각하니 슬프기만 했다.

"하나님, 1.95kg밖에 안 되는 이 작은 아이가 인큐베이터 안에서도 건강하게 잘 자라도록 도와주세요. 이 생명을 우리 가정에 선물로 주신 하나님께서 끝까지 도와주세요. 의지할 곳이 없습니다. 예수는 나의 힘이요 내 생명 되시니, 나의 힘이 되신 예수 그리스도의 이름으로 기도합니다. 아멘."

신실하신 하나님의 은혜로 아이는 탈 없이 잘 자라 주었다.

약사로서의 삶에 충실하던 어느 날이었다. 약국에 찾아오는 환자들은 습관적으로 약을 달라고 했다. 목자 없는 양같이, 유일한 구원자 예수를 모르는 영혼들이었다. 나는 매일 약을 찾는 사람들에게서 약만으로는 해결되지 않는 아픔과 근본적인 문제를 보게 되었다. 남들은 약사라는 직업을 안정된 예금처럼 선호했지만, 나는 유일한 구원의 길을 모르는 채 방황하는 영혼에 신구약이라는 특효약을 처방하고 싶었다.

그러던 어느 날, 친정 할머니(94세)와 큰고모(70세)가 잇달아 소천하셨다. 친정 가족들은 다 미국으로 이민을 간 상태라 장례는 맏손녀인 내 몫이 되었다. 장례를 치르고 난 후 왠지 마음이 조급해졌다. 그때 마음속에 한 가지 생각이 들어왔다.

'그래. 이젠 나도 더 이상 기다리지 말고 하나님의 일을 하자. 가장 보람 있는 일이요, 하늘의 상이 있는 일이다.'

하나님께 남은 시간을 내어 드리려고 담임목사님과 상담한 후, 53세라는 늦은 나이에 나는 총신 신학대학원에 진학했다. 상한 영혼에 시간과 마음을 주면서 진정한 복음을 안겨 주리라 결단했다. 남편의 외조도 한몫 단단히 했다. 그러면서 상한 심령을 공감해주고 그들에게 참 자유와 치유를 경험하도록 돕는 것이 내게 주신 소명임을 발견했다.

필수과목 외 모든 상담과목을 이수했다. 한양대학교병원에서 목회상담학 이관직 교수가 지도하시는 C·P·E(목회상담사 인턴) 과정을 240시간 훈련받았다. 졸업 후 교회에서는 새 가족부와 여성 제자훈련 사역을 맡았다. 상담은 모든 사역의 기초 작업이었고 환상적인 파트너였다. 다년간 기독교기관의 상담원으로 섬기던 중 백석신학대학원 상담센터에서 신학대학원 학생과 일반대학원생들, 그리고 외부 교회에서 의뢰받은 상담을 두루 진행하며 목회상담 1급까지 무사히 마쳤다. 대외적으로는 교회갱신협의회 여성분과 강남노회 여전도연합회를 통해 군 선교에 매진했다. 본 교회에서는 강남 노인복지센터를 설립해 재가복지, 자원봉사대학, 강남 문화교실 등을 운영했다. 은퇴 후 지금까지 시니어 전도폭발 훈련 강사와 노인대학 강사로 섬기고 있다.

늦은 나이에 내게 헌신하게 하신 이유를 이제는 더 뚜렷하게 안다. 내 삶의 역사 속에 살아계신 하나님이 늘 나의 상담을 맡아 주셨기에, 나도 그분께 받은 사랑을 상하고 곤한 영혼들에게 아낌없이 전하려 한다. 주님을 증거하며, 주님처럼 가르치고, 주님께만 의탁하는 이 치유의 사역을 계속 이어가기를 희망한다. 나의 한계는 하나님 손에 내려놓는다.

이설애

CONTENTS

01 교회 공동체를 위한 기도

02 차세대(군 선교 및 청년)들을 위한 기도

CONTENTS

03 노회 공동체를 위한 기도

04 교회갱신협의회와 총체적 복음사역을 위한 기도

1

교회 공동체를
위한 기도

교회 공동체를 위한 기도

주일예배

천국의 백성으로

하나님 아버지 감사합니다!

죄로 말미암아 죽을 수밖에 없었던 우리를 사랑하셔서, 독생자 예수 그리스도의 십자가 보혈로 우리의 죄를 구속하여 주시고, 천국 백성된 우리가 오늘도 주의 전에 나아와 그 은혜를 찬양하며 예배하게 하시니 감사합니다. 이 자리에 친히 오셔서 우리의 예배를 받아주시고, 풍성한 말씀의 은혜가 넘치는 복된 시간이 되게 해주옵소서.

이곳에 모인 우리는 거룩하신 아버지께서 은혜로 택하신 자녀들입니다. 긍휼과 자비와 겸손과 온유와 오래 참음의 삶을 살게 하시고, 서로 용서하며 서로 사랑하는 천국 백성의 모습으로 살아가도록 인도해 주옵소서. 설령 궁핍과 질병과 그 어떤 고난에 처할지라도 아버지의 은혜를 사모하는 마음을 잃어버리지 않게 하시고, 이미 받은 은혜를 기억하며 감사하는 마음으로 살게 하옵소서. 당장 희망의 빛이 보이지 않을지라도 믿음으로 기도할 수 있는 마음을 허락해 주시고, 우리의 기도가 기필코 응답된다는 것을 확신하며 준비하는 마음을 갖게 해주옵소서.

행함이 없는 믿음을 가진 자들이 되지 않도록 아버지께서 강남교회에 허락하신 4대 비전에, 우리 모두 맡은 은사대로 참여해 헌신할 수 있는 은혜도 허락해 주옵소서. 악한 영의 시험에 넘어지지 않도록 늘 말씀을 묵상하는 삶을 살게 하시고, 훈련받을 수 있는 환경도 허락해 주옵소서.

강남교회가 파송한 임봉화, 노영순, 김영진, 정재욱 선교사님과 19곳의 협력 선교사님들의 사역 위에 주께서 친히 함께하셔서, 물이 바다 덮음같이 성령의 역사가 넘치게 해주옵소서.

아이티의 재난을 돕는 일에도 온 성도들이 열과 성을 다하여 헌신하게 하시니 감사합니다. 지진, 홍수, 기근, 그리고 전쟁으로 고통당하고 있는 지구촌 곳곳에 주님의 자비와 긍휼의 손길이 닿기 원합니다.

오늘도 은혜의 예배에 송태근 목사님을 세우시고 말씀을 전하게 하시니 감사합니다. 말씀을 듣고 단 위에 서실 때마다 말씀 속에 주님의 역사가 나타나게 하시며, 날마다 새 힘으로 영·육 간에 건강하게 해주옵소서.

호산나찬양대가 찬양으로 아버지께 영광을 올립니다. 하나님을 찬양하는 이들의 삶이 찬양과 같이 아버지께서 기뻐 받으시는 복된 삶이 되게 하시고, 찬양을 듣는 우리가 같은 은혜를 받는 복된 시간이 되게 해주옵소서.

이 시간 말씀을 통해 주님께서 주시는 평강이 우리 마음을 주장하게 하시고, 돌아오는 한 주간도 항상 기뻐하고, 쉬지 말고 기도하며, 범사에 감사하는 삶이 되게 해 주옵소서.

이 모든 것을 우리 구주 예수 그리스도의 이름으로 기도합니다. 아멘.

2010. 2. 21.

3부 예배

전쟁은 하나님께 속한 것이오니

어제나 오늘이나 늘 우리와 함께하시며 우리를 사랑해 주시는 하나님 아버지!

오늘도 우리에게 크신 은혜를 베푸셔서 우리 교회 가족이 아버지 전에 나아와 예배하게 하시니 감사합니다.

우리의 흠과 죄를 위해 십자가에서 흘리신 주님의 보혈의 공로인 줄 믿습니다. 우리의 모든 죄와 허물을 이 시간 용서해 주옵소서. 친히 이 자리에 임재하셔서 예배로 영광 받으소서. 말씀으로 은혜 충만케 되는 복된 시간 되게 해주옵소서. 우리에게 말씀을 사모하는 마음을 주시고, 말씀을 듣고 깨우쳐 감동하는 심령이 되게 하시며, 말씀으로 변화된 삶을 살게 해주옵소서.

특별히 원하기는, 천안함 피격사건으로 한반도에 무겁게 드리워진 전쟁의 위험이 물러가게 해주옵소서. 전쟁은 하나님께 속한 것이니, 북한의 김정일 공산정권이 무너지고 그곳에도 곳곳에 주님의 교회가 세워지게 하옵소서.

사랑하는 담임목사님이 안식년 휴가 중에 있습니다. 지금은 어느 때보다 말씀의 능력이 더 필요한 때이니, 더욱 능력의 말씀을 전할 수 있도록 충분한 안식과 재충전이 이루어지는 은혜가 있게 해주옵소서.

오늘도 단 위에 아버지가 귀히 쓰시는 장 목사님을 세우시고 말씀의 은혜를 베푸시니 감사합니다. 사모하는 마음으로 말씀을 받는 은혜의 시간 되게 해주옵소서.

찬양대가 정성껏 준비한 찬양으로 영광을 돌립니다. 찬양을 기쁘게 받아주시고, 찬양을 부르는 이들과 찬양을 듣는 성도들 모두의 삶에 은혜를 베풀어 주옵소서.

무더운 계절 여름이 찾아왔습니다. 이 교회를 섬기는 연로하신 성도들의 건강을 살펴 주옵소서. 이 여름을 잘 보내게 하시고 각종 질병으로 투병 중에 있는 성도들도 속히 건강을 회복할 수 있도록 쾌유의 은총을 내려 주옵소서.

돌아오는 이번 한 주간도 우리의 삶이 세상의 유혹과 사탄의 시험에 들지 않도록, 쉬지 말고 항상 기도하는 우리가 되게 해주옵소서.

이 모든 말씀을 우리 구주 예수 그리스도의 이름으로 기도합니다. 아멘

2010. 6. 13.

4부 예배

상한 심령을 위로하소서

자비와 긍휼이 풍성하신 하나님 아버지!

언제나 아버지의 은혜 안에 살면서도 아버지의 뜻을 멀리하며 살아가는 우리를 오늘도 넓은 품에 품어 주셔서, 주의 전으로 인도하시고 아버지께 예배하게 하시니 감사합니다. 지금 올려드린 찬송과 같이 간절한 마음으로 회개하며 기도하오니, 그리스도의 보혈의 공로를 힘입어 용서받고, 더욱 아버지께 나아가는 은혜가 있게 해주옵소서.

오늘도 아버지가 귀히 쓰시는 담임목사님을 단 위에 세우셔서 말씀을 전하게 하시니 감사합니다. 전하시는 말씀을 통해 성도들의 상한 심령이 위로받게 하시고, 새로워지게 하시며, 영의 눈이 밝아져 주님의 마음을 깨달을 수 있는 복된 시간이 되게 해주옵소서.

아직도 우리 주변에 구원받지 못한 불쌍한 영혼들을 보게 하시고, 태신자로 품게 하옵소서. 오직 주님께서 주시는 능력으로 우리 교회에 허락하신 4대 비전에 참여하여 비전을 성취하는 우리가 되게 해주옵소서. 말씀을 들을 때 우리의 삶이 바뀌는 은혜가 있게 해주옵소서. 지금까지 육신의 안목으로 살았던 우리의 삶이 말씀의 안목으로 바뀌는 삶이 되게 해주옵소서.

이번 홍수로 피해를 겪는 이들을 돌아보옵소서. 또 3대에 걸친 독재 체제 속에서 핍박받고 고통받는 북한의 동포들을 긍휼히 여겨 주옵소서. 공산 치하의 압제와 핍박 속에서도 죽음을 무릅쓰고 믿음을 지키는 북한의 지하 성도들을 기억해 주옵소서. 저들도 자유의 삶을 누리며 자유롭게 하나님 아버지를 찬양할 수 있도록 통일의 날이 속히 오게 해주옵소서.

캄보디아의 영혼들을 위해 선교사를 파송하고 이제 교회를 신축하고 있습니다. 모든 일이 순조롭게 진행되어 속히 새 성전을 완공하고 헌당 예배로 영광 돌리게 하옵소서. 세 분의 선교사님의 사역에도 영혼 구원의 풍성한 결실이 있도록 은혜를 베풀어 주옵소서.

우리 교회에는 지난 56년 동안 끊임없는 기도로 교회를 지켜온 연로하신 어른들이 많이 있습니다. 환절기에 건강을 잃지 않도록 보호해 주시며 이들의 기도로 교회가 더욱 부흥되는 은혜가 있게 해주옵소서.

이 시간 시온찬양대가 정성껏 준비한 찬양을 드립니다. 기뻐 받아주시고, 찬양을 부르는 이들과 함께한 우리에게도 찬양과 같은 삶을 살고, 찬양과 같은 복을 받는 놀라운 은혜가 있게 해주옵소서. 새로 시작하는 이번 한 주간에도 우리의 삶이 세상의 유혹과 사탄의 시험에 넘어지지 않고 기도로 승리하는 삶이 되게 해주옵소서.

이 모든 말씀을 우리 구주 예수 그리스도의 이름으로 기도합니다. 아멘.

2010. 10. 10.
4부 예배

여름 수련회

거룩하신 하나님 아버지!

계속되는 장마와 무더위로 영·육간에 지치고 피곤한 당신의 자녀들을 오늘도 기억하시고 사랑하셔서, 아버지 앞으로 불러 예배하게 하시니 감사합니다.

아버지께서 친히 이 예배에 임재하셔서 영광을 받으시며, 세우신 종을 통해 풍성한 은혜의 말씀을 받는 복된 시간이 되게 해주옵소서. 말씀을 들을 때 우리를 향하신 아버지의 사랑을 깊이 느끼는 은혜의 시간이 되게 해주시고, 말씀 속에서 우리에게 명하시는 아버지의 뜻을 깨달아 순종하는 심령들이 되게 해주옵소서.

우리 교회공동체에 허락하신 4대 비전 즉 가르치는 교회, 증거하는 교회, 목회자를 양성하고 장애인과 함께 하는 교회로 매일 성장하는 교회가 되게 하심을 감사합니다. 주신 사명의 완수를 위해 더욱 힘쓰는 우리가 되게 해주옵소서.

영아부에서 여전도회에 이르기까지 각 기관의 여름 수련회를 은혜 가운데 아무 사고 없이 마치게 하심을 감사합니다. 특히 양평수양관을 아름답고 쾌적한 분위기로 보수하고 증축하여 여름수련회 장소로 은혜롭게 이용하게 하심을 감사합니다. 오늘부터 시작되는 남전도 연합수련회와 청장년부 장애인 수련회도 무사히 마칠 수 있도록 인도해 주옵소서.

현재 진행하고 있는 제3교육관 신축공사에도 은혜를 베풀어 주옵소서. 좋은 날씨를 허락해 주시고, 공사 일정대로 잘 진행되게 하시며, 이 일을 위해 기도하고 봉사하며 물질을 드리는 성도들의 헌신이 차고 넘치는 은혜가 있게 해주옵소서.

유난히 긴 장마와 무더위로 인해 고생하거나, 암과 불치병으로 고통받는 성도들이 있습니다. 예수 그리스도의 이름으로 치유 받는 은혜가 있게 하시며, 고통 속에서도 함께하시는 주님의 사랑을 경험하는 은혜가 있게 해주옵소서.

이제 찬양대가 아름다운 찬양으로 영광을 드립니다. 친히 영광 받으시고 복 내려 주셔서, 찬양을 부르는 이들과 찬양을 듣는 우리 모두 찬양과 같은 삶을 사는 은혜가 있게 해주옵소서.

무더운 여름철에 영·육간에 나태함으로 인해 죄를 짓지 않도록 인도하시며, 세상의 유혹과 사탄의 시험에 넘어지지 않도록, 말씀을 읽고 기도에 힘쓰는 믿음의 가족들이 되게 해주옵소서.

이 모든 말씀을 우리 구주 예수 그리스도의 이름으로 기도합니다. 아멘.

2011. 8. 14.

4부 예배

소망의 2011년이 되도록

자비와 긍휼이 풍성하신 하나님 아버지!

다사다난했던 2010년도 아버지의 은혜 가운데 기쁨으로 보내게 하심을 감사합니다. 이제 소망의 2011년 세 번째 주일을 맞이해 아버지 앞에 나아와 예배하게 하심 또한 감사합니다.

"내 모든 시험 무거운 짐을 주 예수 앞에 아뢰면 근심에 쌓인 날 돌아보사 내 근심 모두 돌보시네."

이 찬송과 같이 올해 2011년에도 말씀이 육신이 되어, 사람의 몸으로 이 땅에 오셔서 우리 죄를 위하여 십자가에서 피 흘려 돌아가신 그 주님의 십자가 앞에 우리 삶의 모든 문제를 내려놓기 원합니다. 그래서 능력의 주님만 의지하며 주님을 본받아 사는 한 해가 되기를 소원합니다.

특별히 새해에는 어린이에서부터 어른에 이르기까지 모든 성도가 성경 1독 이상을 실천하기로 했습니다. 온 성도들이 순종하는 마음으로 참석해 말씀을 읽고 깨우치는 은혜가 넘치는 한 해가 되게 해주옵소서.

캄보디아 교회 준공을 계기로 많은 영혼이 구원을 받는 한 해가 되게 해주옵소서. 잠비아와 중국과 몽골의 선교 사역을 위해서도 기도와 물질로 넘치게 지원하는 한 해가 되게 해주옵소서.

특별히 아버지께서 동토의 땅 북한에 아직도 남겨 놓으신 14만여 명의 지하 성도들이 끝까지 믿음을 잃지 않길 기도합니다. 저들도 우리와 함께 마음껏 하나님 아버지를 찬양할 수 있는 그 날이 속히 오도록, 저들의 기도가 응답받는 한 해가 되게 해주옵소서.

노인복지센터를 설립하여 병약하고 노약한 어른들을 보살피며 주님의 사랑으로 복음을 전하게 하시니 감사합니다. 비록 늦게 시작했으나 이 센터를 통해 모든 병과 모든 약한 것을 고치시는 성령의 역사가 나타나게 해주옵소서. 그래서 믿지 않는 영혼을 구원하는 은혜가 있게 하여 주시기를 간구합니다.

지금 가축전염병인 구제역과 조류 인플루엔자의 재난으로 우리나라 전국이 고통을 받고 있습니다. 온역과 질병 등의 재해는 하나님의 백성을 징계하는 경고인 줄 믿사오니, 이 재난을 통해 하나님 아버지의 음성에 귀 기울일 수 있는 지혜와 믿음을 주옵소서. 이 땅을 회복시켜 주시려는 아버지의 메시지를 깨달아 회개하고 깨어 기도하는 우리가 되게 해주옵소서.

올해도 많은 교회 예산을 허락하셔서 가르치고, 전파하며, 모든 병약한 것을 고치시는 주님의 일을 감당케 하시니 감사합니다. 성도들의 가정과 직장과 사업 위에 특별한 은총을 베푸셔서, 올해도 지난해와 같이 은혜롭게 쓰고도 넘치는 교회 재정이 되게 해주옵소서.

오늘도 단 위에 아버지께서 사랑하시는 담임목사님을 세우셔서 은혜의 말씀을 증거하게 하시며, 시온찬양대의 아름다운 찬양

과 귀한 예물로 아버지께 예배하게 하시니 감사합니다. 이 예배를
기쁘게 받아주옵소서.

우리를 사랑하사 늘 일으켜 주시고 구원해 주시는 우리 구주
예수님의 이름으로 기도합니다. 아멘.

2011. 1. 16.
4부 예배

강남교회 설립 58주년 기념 부흥회

사랑의 하나님 아버지!

1954년 부활주일 아침에, 6.25 전쟁으로 인해 함경도에서 피난
온 16명의 성도가 신앙을 지키고자 이곳 노량진에 교회를 설립하
게 하시니 감사합니다. 58년간 이들을 눈동자같이 보호하시며 인
도하여 주셔서, 이처럼 아름답고 건강한 교회로 성장하게 해주심
을 감사합니다.

교회를 설립하신 고 김재술 원로목사님과 제2대, 제3대 목사님
에 이르기까지 신실하신 주의 종들의 눈물과 헌신을 통해 5,000

여 성도들이 섬기며 전국의 젊은이들이 새벽기도로 재훈련을 받는 은혜로운 교회로 세워주심을 감사합니다. 또 교회 설립 58주년을 기념해 부흥성회를 허락해 주시니 감사합니다.

특별히 감사하기는, 아버지가 사랑하시며 귀히 쓰시는 목사님을 보내주셔서, 지난 25년간 그 힘들고 어려웠던 목회의 현장을 지켜주시고 동행해 주시니 감사합니다. 부르짖을 때마다 응답해 주시고 역사하셔서 성령 하나님을 확실하게 증거하게 하시며, 아직도 우리 삶 속에 남아있는 육신의 정욕과 안목의 정욕들이 변화되는 은혜를 받게 하시니 감사합니다.

이제 부흥회 마지막 날 마지막 시간입니다. 이 예배에 친히 임재하시옵소서. 할렐루야 찬양대의 찬양을 받으시며, 말씀을 듣는 중에 다시 한 번 역사해주옵소서. 이번 성회에 참석한 성도마다 구원받은 천국 백성에 합당한 삶으로 변화되는 은혜가 있게 하시며, 변화를 넘어 행동으로 실천하는 은혜까지 덧입혀 주옵소서.

우리 교회로 인해 주님의 구원을 모르는 불쌍한 영혼들이 이 지역에 한 명도 없게 하시며, 우리 교회로 인해 더 많은 선교사를 세계로 파송하게 하소서. 우리 교회로 인해 사회로부터 소외된 병들고, 가난하고, 노약한 사람들이 위로받고 구원받는 성령의 놀라운 역사가 늘 있게 하옵소서.

주님께서 이 교회에 허락하신 4대 비전을 충실히 실행해 가르치는 교회, 복음을 증거하는 교회, 목회자를 양성하고 장애인과 함께하는 교회, 성령 충만하고 은혜로운 교회가 되게 해주옵소서.

우리를 위해 십자가에서 돌아가시고 부활하신 예수 그리스도의 이름으로 기도합니다. 아멘.

2012. 5. 27.

4부 예배

담임목사 청빙을 도우소서

하나님 아버지!

죄로 말미암아 죽을 수밖에 없는 우리를 불쌍히 보시고 독생자 예수 그리스도를 구주로 믿는 귀한 믿음을 주심을 감사합니다. 믿음의 공동체인 교회를 섬기게 하시고, 지난 58년간 아버지께서 보내주신 세 분의 담임목사님을 통해 이처럼 아름답고 건강하고 은혜 충만한 교회로 성장하게 하심을 감사합니다.

오늘까지 놀라운 은혜 가운데 성장하고 발전해 온 이 교회에, 목자 없는 양같이 담임목사님의 부재로 인한 시련의 시간을 주셨습니다. 이것은 받은 은혜를 이웃들과 나누지 못하고, 나태하고 안일한 신앙생활을 해온 우리들의 잘못을 깨닫게 하기 위함이신 줄 믿습니다. 우리의 허물을 용서해 주옵소서. 이제 우리에게 더욱 크신 은혜를 베푸셔서 잠속에 빠진 듯 나태해진 신앙생활에서 깨어나, 진정으로 심령이 부흥할 수 있는 은총을 허락해 주옵소서.

이번 담임목사 청빙 과정에 91분의 많은 목사님이 자원 또는 추천을 받아 지원해 주셨고, 그중 다섯 분의 후보 목사님을 선정하기까지의 청빙 과정을 은혜롭게 인도해 주심을 감사합니다. 지난 수요 2부 예배를 시작으로 2주간에 걸쳐 다섯 분의 말씀을 듣는 중에 있사오니, 우리의 영의 눈을 밝히시고 지혜로운 마음을 주셔서, 아버지의 뜻에 합당하고 아버지께서 예비해 두신 귀한 담임 목사님을 청빙할 수 있도록 성령께서 친히 간섭하시고 주장해 주옵소서. 당회와 온 성도들이 한마음 만장일치로 청빙하는 은혜가 있게 해주옵소서.

각 기관에서 실시한 여름 수련회를 한 건의 사고도 없이 은혜 가운데 마치게 하심을 감사합니다. 다시 시작하는 하반기 교육 프로그램과 교회 행사도 은혜롭게 이루어지게 해주옵소서.

다음 세대를 위해 제3교육관을 건축하고 있습니다. 올해 10월

25일을 준공 목표로 하고 있으니, 계획된 기간 내에 아름답고 은혜로운 교육관이 건축되어, 담임목사의 부재로 우울하고 허전했던 성도들의 마음에 큰 기쁨이 넘치는 은혜가 있게 하옵소서.

"너희가 악한 자라도 좋은 것으로 자식에게 줄 줄 알거든 하물며 하늘에 계신 너희 아버지께서 구하는 자에게 좋은 것으로 주시지 않겠느냐"라고 약속하신 주님의 말씀을 믿고 기도하고 있습니다. 믿는 대로 응답받는 은혜가 있게 해주옵소서.

우리 구주 예수 그리스도의 이름으로 기도합니다. 아멘.

2012. 8. 19.

3부 예배

믿음의 선한 역사

사랑의 하나님 아버지!

때를 따라 돕는 은혜를 주시기 위해 부르신 주님의 사랑에 감사하며 수요예배에 나왔습니다. 이렇게 좋은 교회, 좋은 목회자, 좋은 성도들을 허락하신 하나님께 감사합니다. 우리 교회 50여 년의 역사는 하나님의 선한 기적의 역사임을 고백합니다. 이 믿음의 역사를 목도한 증인들이 바로 우리입니다. 우리의 부모들이 앉았던 이 자리에 지금은 우리가 믿음의 계승자로, 또한 증인으로서 이렇게 앉아 아버지 하나님을 예배합니다.

이 시간 우리의 연약함을 고백하며 주님의 긍휼을 구합니다. 매일 매 순간 우리의 관심은 텔레비전과 휴대전화, 디지털 문명에 온통 마음과 시간을 빼앗기고, 말씀과 기도와 생명 살리는 영적 생활에는 점점 둔감해지고 있습니다. 우리 믿음의 가족들이 신천지와 같은 이단에 빠져드는 것도 모르는 채 방임한 우리들의 죄악을 어찌합니까. 부디 불쌍히 여겨 주옵소서.

오늘이라도 부르신다면 다 두고 가야 할 세상 것들입니다. 육신의 정욕, 안목의 정욕, 이생의 자랑에 빠져서 주님의 손과 발이 되는 데는 느리고 더디면서 말만 앞세우거나, 희생 없는 봉사와 입으로 하는 사랑만을 보이는 우리를 불쌍히 여겨 주옵소서.

세상의 수많은 소리가 우리를 유혹합니다. 각종 미디어는 집요하게 불행을 조장합니다. 많은 젊은이가 상대적 박탈감을 느끼며 소외감과 우울감에 빠져 지내고 있습니다. 우리의 자녀들이 그런 부정적 감정에 사로잡히지 않고 단호히 떨치고 나올 수 있도록 믿음의 용기를 주옵소서.

오직 의에 주리고 목마른 자가 되어, 예배마다 임재하시는 하나님을 만나게 하옵소서. 생수의 말씀으로만 우리는 살 수 있습니다. 이 길만이 사는 길이니, 참 구원의 길이요, 진리요, 생명 되신 예수 그리스도만을 붙잡게 하옵소서.

이 나라에 새 대통령을 세우셨으니 하나님과 이 백성의 마음을 시원하게 하는 지도자가 되어, 헐벗고 굶주림에 시달리는 북한 동포와 핍박받고 있는 북한의 지하교회 성도들의 아픔을 기억하게 해주옵소서. 오직 복음으로 통일을 앞당겨 주옵소서.

이 시간 말씀을 선포하실 목사님과 함께하셔서 말씀으로 새 힘을 얻고 일어나는 우리가 되게 인도해 주옵소서.

예수 그리스도의 이름으로 기도합니다. 아멘.

보훈의 달에

좋으신 하나님 아버지!

구원의 은총을 받은 우리를 믿음으로 의롭다 하시고, '너는 내 것이라'고 인치시고 은혜 주심을 감사합니다.

지난 주일 후 3일 동안 사탄의 온갖 유혹으로부터 지켜 주심을 감사합니다. 그러나 하나님이 원하시는 선을 행하지 못하고 악을 행하는 데 바빴던 우리들의 모습을 용서하여 주옵소서. 우리가 죄인 되었을 때 우리를 위해 돌아가심으로 하나님의 진노에서 우리는 구원을 얻었습니다. 상한 심령을 찾으시는 하나님 아버지의 약속의 말씀을 들려주옵소서.

전국 청장년 대각성집회의 강사로 서신 담임 목사님을 강한 팔로 붙드셔서, 이 시대의 엘리야처럼 사용해 주옵소서. 동역하는 목사님들과 국내와 국외로 파송한 선교사님들의 영·육을 강건하게 붙잡아 주옵소서.

IMF 경제 위기에서 기적적으로 건축한 이 성전에 엎드리는 우리와 우리 자녀들, 자자손손이 복을 받게 하시고, 병에서 고침을 받고, 긍휼과 위로를 얻으며, 모든 재난이 회복되고 소생하는 기적을 체험하게 하옵소서.

보훈의 달입니다. 한국전쟁과 재난의 현장에서 나라와 민족을 위해 희생한 참전군인들과 경찰, 소방관, 국가 유공자 그리고 병으로 중앙보훈병원에 있는 환우들과 그 가족들을 위로하옵소서. 오늘날 우리가 누리는 이 자유가 결코 대가 없이 받은 것이 아님을 명심하는 6월이 되게 하옵소서.

특별히 보훈의 달을 맞이하면서 그 뜻을 담아 우리 교회에서 북한 결식아동들을 돕기 위한 바자회를 엽니다. 이것이 작은 일이지만 남북한의 화해를 가져오게 하시고, 북한 동포의 빈곤의 고통을 속히 풀어 주옵소서.

이 시간 우리의 마음 문을 엽니다. 하나님의 말씀을 들을 수 있는 귀를 열어주셔서 구원의 예수 그리스도의 음성을 듣게 하옵소서.

우리 기도를 들어 주시는 예수님의 이름으로 기도합니다. 아멘.

2004. 6
수요예배

6월의 은총

사랑하는 하나님 아버지!

녹음 우거진 이 아름다운 계절을 주셔서 감사합니다. 하나님이 창조하신 대자연 앞에 설 때마다 우리로 향하신 하나님의 수없는 사랑의 언어들을 듣습니다.

주일 후 3일 동안 일상에서 치른 영적 전쟁에서 우리는 완전히 참패했습니다. 지금 이 시간 상한 심령으로 주님 앞에 엎드립니다.

"그리스도 안에 있는 생명의 성령의 법이 죄와 사망의 법에서 우리를 해방하였습니다. 우리는 무서워하는 종의 영을 받지 아니하고 양자의 영을 받았으므로"(롬 8:2)

아바 아버지라 부를 수 있는 특권을 주심을 감사합니다. 우리의 죄를 고백하기만 하면 용서하시고 하나님의 넓으신 사랑의 품으로 안아 주시리라 믿습니다.

이 세상이 도저히 알 수도 없는 황홀한 구원을 주신 하나님!

마땅히 빌 바를 알지 못하는 우리를 위해 성령님을 통해서 간구해 주실 것을 믿습니다. 예수 그리스도의 성품을 닮아가는 제자로서 세상을 향해 복음의 증인으로 살아가도록 주께서 사명을 주셨으니, 흔들릴 때마다 포기하지 않는 강한 믿음을 주옵소서.

이 시간도 육신의 질고로 함께하지 못하는 믿음의 가족들의 상한 몸과 마음을 어루만져 주시고, 미래를 고민하는 청년들의 기도 소리를 들으시고 응답해 주옵소서.

6월의 목회 일정에 함께하시고, 각 기관의 여름행사 준비를 잘하도록 도와주옵소서. 당회에서 영아부에 이르기까지 두루 지켜 보호해주시고, 담임목사님과 동역자들의 영·육 또한 강건하게 하옵소서.

이 나라 이 민족을 위해 기도합니다. 1907년 평양의 대부흥 회개운동이 다시 일어나 한국 교회들이 회복되고, 복음으로 이 나라가 통일되게 하옵소서. 이 시간 말씀을 듣고 회복과 치유가 일어나게 하옵소서.

우리를 사랑하셔서 세상에 오신 예수 그리스도의 이름으로 기도합니다. 아멘.

2005. 6. 5.

한국 교회에 새로운 부흥을

어제나 오늘이나 변함없이 우리를 사랑하시는 하나님 아버지!

오늘도 우리를 부르셔서 말씀을 듣게 하시고 성도 간에 교제를 나눌 수 있도록 한 자리에 모아 주심을 감사합니다.

가장 싱그럽고 아름다운 계절 5월을 주셔서 감사합니다. 언제나 달려오면 복음을 들을 수 있는 좋은 교회를 주시고, 120여 년의 역사 속에 선교의 기적을 이루게 하시며, 번영을 허락하신 이 땅 대한민국에 태어나게 하심을 감사합니다.

올해는 특히 1907년도의 평양 대부흥운동 100주년을 맞이하는 뜻 깊은 해입니다. 선교의 초기에 이루었던 양적 부흥을 넘어서, 이제 개인과 가정과 교회 공동체에 질적인 변화를 요구하시는 하나님의 기대에 부응해야 할 때임을 압니다.

하오나 정작 교회 안팎에서 믿는 자들이 본이 되지 못하는 몇몇 사건과 행동들로 인해 하나님과 세상 앞에 고개를 들 수 없으니 이를 어찌합니까. 불쌍히 여겨 주옵소서. 오늘 부활의 아침을 맞이해 새로운 피조물로서 신앙고백을 하게 해주시고, 우리에게 목적이 이끄는 삶을 살게 해주옵소서.

우리가 앉은 이 자리는 믿음의 부모들이 눈물 뿌리며 자녀와 교회와 나라를 위해 기도하던 곳입니다. 이 말씀의 터 위에 앉아 있는 우리와 자자손손에게 이 믿음이 계승되게 하시고 우리가 믿음의 모델이 되기를 원합니다.

이 교회의 소중한 청지기와 직원들에 이르기까지 보이지 않은 곳에서 묵묵히 자기 소임을 다하는 귀한 지체들을 기억해 주옵소서. 안식년을 맞은 담임목사님과 모든 동역자에게 날마다 영적인 힘을 더하시고, 그의 가정들 또한 주께서 지켜 주옵소서.

새생명축제, 경로대학, 어린이 복음축제, 이틀간의 제자훈련 영성수련회에 이르기까지 성령 충만하게 하옵소서. 6월 1일과 2일 이틀간 있을 '잠비아 선교 바자회'에 전 교인이 주님의 손과 발이 되어 섬길 수 있게 좋은 날씨를 허락해 주옵소서.

교회 각 마을과 사랑방 모임에서 뜨거운 주의 사랑을 경험할 수 있게 은혜 주시기를 바라며, 예수 그리스도의 이름으로 기도합니다. 아멘.

2007. 5. 16

부활절 주일 기도

허물과 죄로 말미암아 죽을 수밖에 없는 우리를 불쌍히 여기시는 하나님!

하늘 보좌를 버리시고 우리 인간의 모습으로 이 땅에 오셔서 십자가에 피 흘려 돌아가심으로써 우리 죄를 사해주시고, 삼 일만에 죽은 자 가운데서 다시 살아나셔서 부활의 소망을 주신 주님의 그 크신 은혜에 감격하고 감사합니다.

주님의 부활은 단순히 2,000여 년 전에 있었던 역사적 사건만이 아닙니다. 이 순간에도 우리 마음속에서 우리 죄를 깨달아 회개케 하시고 죄 사함을 받아 깨끗케 하시는 하나님 아버지의 구원 사역은 지금도 계속되고 있습니다. 이 시간, 주의 전에 모인 우리 모두에게 동일한 은혜가 있게 하옵소서.

57년 전 부활주일에 이곳에 교회를 세워주시고 복 주셔서 이처럼 아름답고 건강한 교회로 발전하게 하심을 감사합니다. 가르치시고 전파하시며, 모든 병과 모든 약한 것을 고치신 주님의 사역을 본받아 교회 4대 비전을 세웠습니다. 매년 조금씩 실현해 가게 하심을 감사합니다. 주님의 삶을 본받아가는 귀한 발걸음이오니, 모든 성도가 받은 은사대로 이 비전에 힘써 참석하게 하옵소서. 그래서 행함이 있는 믿음으로 주 앞에 칭찬받는 강남교인들이 다 되기를 소원합니다.

올해도 많은 예산을 허락하셔서 주의 일을 감당케 하시니 감사합니다. 은혜롭게 쓰고도 남음이 있게 하옵소서. 특별히 믿지 않은 이들을 위한 새 생명 축제와 주차장, 교육 공간 확보를 위한 제3교육관 신축과 양평수양관 보수 등 주님의 사업들이 순조롭게 진행되도록 은혜 베풀어 주옵소서. 강남 노인복지센터를 통해 지역 일대에 병약한 어른들을 정성껏 돌보는 은혜로운 교회가 되게 하시고, 네 분의 파송 선교사와 21명의 협력선교사와 함께 세계 선교에 힘써 헌신하는 교회가 되게 해주옵소서.

오늘도 단 위에 담임목사님을 세우셔서 말씀을 증거하게 하시니 감사합니다. 말씀을 받을 때 우리의 심령이 뜨거워지며 새로워지는 은혜가 있게 해주옵소서.

호산나찬양대가 귀한 찬양을 드립니다. 기쁘게 받으시며 찬양을 부르는 이들과 찬양을 듣는 성도들 모두 찬양과 같은 삶을 사는 은혜가 있게 해주옵소서. 겸손하고 신실한 마음, 말씀을 사모하는 마음으로 드리는 이 예배를 기쁘게 받아주옵소서.

이 모든 말씀을 우리 구주 예수 그리스도의 이름으로 기도합니다. 아멘.

2011. 5. 1.

3부 예배

믿음의 후손들(어린이 주일)

온 우주 만물을 창조하시고 온 세계의 역사를 주관하시는 하나님 아버지!

오늘 아버지가 가장 사랑하시는 구원받은 성도들을 한자리에 모으시고 한마음으로 예배하는 자녀의 특권을 주신 것 진심으로 감사합니다.

북한의 미사일 발사와 핵실험, 연일 거듭되는 전쟁 도발적인 위험한 발언들, 그리고 엊그제 개성공단의 철수 등으로 우리의 마음이 이루 말할 수 없이 타들어 가고 있습니다. 우리의 노력은 허사였습니다. 우리 아버지의 보살핌과 긍휼하심이 없이는 한시도 평안할 수 없었던 지난 몇 개월이었습니다. 애끓는 우리 성도들의 믿음의 간구를 들으시고 응답하옵소서.

이 나라는 예수님을 믿는 믿음밖에는 소망이 없습니다. 오직 말씀으로 평화롭게 남북한이 하나 되게 하옵소서. 이 나라 대한민국은 130여 년 전에 복음으로 살려주신 국가가 아닙니까. 하오니 다시는 전쟁의 공포와 불안에 떨게 마옵시고, 이 땅 방방곡곡에 십자가의 능력이, 아버지께 드리는 찬양의 곡조가 울려 퍼지게 하옵소서.

60여 년 동안 공산주의 치하에서 예수의 십자가와 말씀이 희미해진 북녘 동토의 땅들이 다시 회복되게 하옵소서. 또한 하나님이 베푸신 풍요로움 속에 살아가면서 감사하지 못하고 사치와 방탕과 물질만능주의에 젖어 병들어 가는 우리 사회를 불쌍히 여겨주시옵소서. 건강한 사회를 이루는 근간인 우리의 가정들도 위기에 서 있습니다. 우리의 죄를 용서하시고 각 가정에 참 치유와 회복을 주옵소서.

5월 가정의 달, 그중에서도 오늘은 어린이 주일입니다. 우리 가정에 복의 열매로 자녀들을 주신 것에 감사합니다. 부모된 우리가 먼저 믿음으로 살게 하시고, 말씀과 기도로 잘 양육할 수 있도록 하나님의 지혜와 은혜를 덧입혀주옵소서. 저 아이들은 우리의 가정과 교회와 이 민족의 미래요 희망입니다. 간절히 바라오니 저들 가운데서 이 시대를 이끌어갈 큰 믿음의 용사들이 계속 배출되게 해주옵소서. 이번 '가정의 달' 모든 행사마다 우리 하나님 아버지의 사랑과 주의 자비하심을 나타내주시고, 하나님의 은혜가 풍성히 전달되는 5월이 되게 하옵소서.

하나님이 세우신 새 담임목사님이 많은 축복 속에 위임받게 하시니 감사합니다. 하나님의 능력의 말씀이 단 위에서 터져 나올 때마다, 듣는 모든 영혼이 온전히 말씀에 사로잡히게 하옵소서.

시온찬양대의 귀한 찬양을 받아주옵소서. 교회학교가 날마다 부흥하고 성장해 민족 복음화의 역군이 계속 배출되게 하시고, 이들을 위해 헌신할 사명감 넘치는 교사들을 예비해 주옵소서.

어린이를 사랑하시는 우리 주 예수님의 이름으로 기도합니다. 아멘.

2013. 5. 5.
어린이 주일

추수감사절

거룩하시고 자비와 긍휼이 풍성하신 하나님 아버지!

죄로 말미암아 죽을 수밖에 없었던 우리를 택하셔서, 독생자 예수 그리스도의 보혈로 우리 죄를 구속하여 주시고 천국 백성으로 삼아주심을 감사합니다. 오늘도 이 구속의 은혜를 힘입어 아버지 앞에 나아왔으니, 친히 이 자리에 임재하셔서 이 예배를 받아주소서. 말씀으로 저희를 깨우쳐 주소서.

이 시간 모인 우리는 모두 아버지께서 주님의 보혈로 값 주고 사신, 아버지의 귀한 자녀들임을 재확인하는 은혜의 시간이 되길 원합니다. 아버지 앞에 범죄하지 않도록 늘 말씀을 마음에 새기고, 서로 용서하며 서로 사랑하는 천국 백성의 모습으로 살기로 다짐하는 결단의 시간이 되게 하옵소서. 우리의 삶이 아무리 힘들고 어려울 지라도 아버지께 기도할 수 있는 마음을 주시고, 구하면 주실 것을 확실히 믿는 믿음도 주옵소서.

추수감사주일인 오늘은 지난 일 년 동안 베풀어 주신 주의 은혜에 감사하며 온 성도들이 '마을 찬양축제'라는 이름으로 주님을 예배합니다. 이제는 우리들이 받은 은혜를 다른 이들과 나누며 주님이 원하시는 일에 흘러 보낼 수 있길 소망합니다. 이와 더불어 주님께서 이 교회에 허락하신 4대 비전에 우리 모두 감사하며 더욱 헌신하게 하옵소서.

세상의 유혹과 사탄의 시험에 넘어지지 않도록 늘 주의 말씀을 묵상하는 삶을 살게 하옵소서. 연초에 믿음으로 약속한 전교인 5,000독의 성경통독 약속을 이행할 수 있는 열심도 허락해 주옵소서. 마지막 때에 주님께서 명하신 세계 선교 사명에도 끝까지 충성하게 하시며, 우리에게 허락하신 제3교육관 건축도 잘 마칠 수 있도록 은혜 베풀어 주옵소서.

이제 연말을 맞이해 오늘부터 매 주일엔 연말 당회가 있습니다. 사랑과 믿음으로 소망과 비전이 있는 당회가 되도록 인도하여 주옵소서.

이 시간에도 단 위에 담임목사님을 세우시고 말씀을 전하게 하시니 감사합니다. 말씀을 듣고 단 위에 서실 때마다 말씀의 능력이 더하게 하시고, 날마다 위로부터 공급해 주시는 새 힘을 받아 영육 간에 강건함을 덧입혀 주옵소서.

찬양대가 아름다운 찬양으로 영광을 돌립니다. 주님 홀로 영광을 받으시오며, 찬양을 부르는 자나 듣는 자 모두 복된 시간이 되게 해주옵소서. 주실 말씀을 사모합니다. 은혜의 말씀을 주시고, 그 능력의 말씀으로 인해 돌아오는 일주일간의 삶이 평강으로 채워지게 하옵소서.

이 모든 말씀을 우리 구주 예수 그리스도의 이름으로 기도합니다. 아멘.

2011. 11. 27.

3부 예배

기쁘다 구주 오셨네(성탄절)

말씀으로 천지 만물을 창조하신 하나님 아버지!

수많은 창조물 가운데 우리를 더욱 사랑하셔서 아버지의 형상대로 지어주시고, 생육하고 번성하여 만물을 다스리도록 복 주신 은혜를 감사합니다.

특별히 오늘은 우리가 교만하여 아버지의 은혜를 배반하고 죄에 빠져 원수가 되었을 때도 우리를 버리지 아니하시고 창조 때의 처음 사랑을 기억하셔서, 하늘 보좌를 버리시고 친히 인간의 모습으로 이 땅에 오심을 감사하며 기념하는 날입니다. 온 성도들이 정성껏 준비한 찬양과 기도와 예물로 아버지께 감사예배를 드리오니, 우리의 예배를 기쁘게 받아주시고 말씀과 찬양을 통해 큰 은혜를 베풀어 주옵소서.

오늘의 성탄감사 예배가 단순히 2천여 년 전, 주님이 구세주로 이 땅에 오신 역사적 사실만을 감사하는 예배가 되지 않게 하옵소서. 지금도 살아계셔서 우리 죄를 용서하시고, 소외되고 억눌린 자들을 위로하시고 자유케 하시며, 그 이름을 믿는 자에게 영생의 구원을 베푸시는 주님을 찬양하고 감사하는 예배가 되게 하옵소서.

이번 성탄은 구원받은 우리만 기뻐하고 감사하는 성탄이 아니라, 아직도 구원받지 못한 우리의 이웃들, 지금 이 순간 주님의 자비와 긍휼과 도움의 손길이 필요한 이웃들에게 더 큰 기쁨을 주는 성탄일이 되게 해주옵소서. 우리 교회 공동체가 주님이 원하시는 일에 더욱 힘쓰는, 사랑과 은혜가 충만한 믿음의 공동체가 되게 해주옵소서.

찬양대가 몇 개월에 걸쳐 정성껏 준비한 찬양을 드립니다. 아버지께는 영광이요 우리에게는 찬양을 통해 주시는 은혜가 충만케 하옵소서. 이 성탄의 복된 소식과 기쁨이 저희들 가운데 충만한 은혜의 시간이 되게 하여 주옵소서.

"지극히 높은 곳에서는 하나님께 영광이요 땅에서는 하나님이 기뻐하신 사람들 중에 평화로다"(눅 2:24).

이 모든 말씀을 우리 구주 예수 그리스도의 이름으로 기도합니다. 아멘.

2012. 12. 25.

성탄절 2부 예배

특별기념 예배

신앙의자유를찾아

좋으신 하나님 아버지!

오늘도 선한 목자 되신 하나님께서 말씀의 푸른 초장으로 인도해 주심을 감사합니다. 오늘 이 아침에 하나님이 창조하신 아름다운 세상을 보니 참으로 기쁘고 행복합니다. 4월의 싱그러운 빛깔과 향기를 음미할 수 있고, 자연의 아름다운 소리를 들을 수 있으며, 이 고운 풍경들을 두 발로 걸으며 감상할 수 있게 하시니 감사합니다. 우리를 하나님의 형상대로 지으시고 심히 보기 좋았다고 하신 주님, 사랑합니다.

그러나 이 시간 우리의 죄와 허물을 주님 앞에 고백합니다. 주께서 말씀(딤후3:24)으로 책망하신 바와 같이, 우리는 돈을 사랑하고, 자긍하고, 교만하며, 훼방했습니다. 부모를 거역하며, 감사하지 않으며, 거룩하지 않았습니다. 무정하고 원통함을 풀지 아니하며, 참소하고, 절제하지 못했습니다. 사나우며, 쾌락을 하나님보다 더 사랑하고, 경건의 모양을 갖추고 있지만 능력은 부인하는 죄를 지었습니다. 용서하옵소서.

올해는 우리 교회가 설립 50주년을 맞이합니다. 이스라엘 민족을 인도하신 하나님께서 광야 같은 이 세상을 동행해 주셨습니다. 여기까지 인도하시고 지금 회복의 땅에 서 있게 하신 은혜를 감사합니다. 바라기는, 교회에 주신 4대 비전을 공유하며 역사의 증인이 되도록 인도해 주옵소서.

이 모든 하나님의 일들을 선하게 이루시기 위해 보내신 담임목사님께 영력을 7배나 더하여 주옵소서. 그래서 방황하는 많은 영혼이 목사님의 말씀을 통해 새로운 삶에 이르도록 인도하옵소서. 당회와 제직회, 교회학교, 제자훈련, 새가족부, 남녀 사랑방 등 각 기관을 복되게 하시고, 특별히 새로 시작한 남성 사랑방이 든든히 세워지게 하옵소서.

1954년 4월 18일, 신앙의 자유를 찾아 남쪽으로 내려온 실향민 16명이 모여서 시작한 이 교회가 50주년이 되었습니다. 이 모든 영광을 오직 하나님께 올려 드립니다. 선한 목자 되신 하나님 아버지이시니, 늘 넉넉한 꼴로 배불리 먹여 주옵소서. 우리의 말과 생각과 행동이 변화되는 한 해 되도록 은혜를 주옵소서.

예수 그리스도의 이름으로 간절히 기도합니다. 아멘.

2004. 4
교회 설립 50주년

믿음의 용기를 주옵소서

우리를 창조하시고 심히 좋아하신 하나님 아버지!

오늘까지 믿음으로 양육해 오신 강남교회의 자녀들이 이 밤에 하나님 성전에 모였습니다. 추수한 곡식과 열매들이 풍성한 이 계절에 우리의 영적 필요들을 채워주시려고 이곳에 불러 모아 주신 하나님의 그 변치 않는 사랑과 자비하심에 감사합니다.

세상은 금융의 위기가 왔다고 떠들썩하며 영혼을 어지럽힙니다. 세상의 문화 속에 방치된 우리 자녀들과 청년들의 결혼 기피 현상, 출산율 저하, 그로 인한 사회 심리적 불안과 염려는 우리 삶을 뿌리째 뒤흔들며 온 국민을 두려움에 몰아넣고 있습니다. 이런 상황에서 과연 우리는 하나님의 구원의 백성으로서 어떤 정체감을 가지고 이에 대응해 나가야 하는지 혼란스럽고 자신이 없습니다.

육체의 소욕에 목숨을 걸고 이방인들과 전혀 다름이 없는 넋두리를 하며 사는 우리의 안타까운 모습을 고백합니다. 세상이 아무리 보암직하고 먹음직한 것들로 집요하게 유혹할지라도, 단호히 거절할 수 있는 믿음의 용기를 허락해 주옵소서. 육신의 생각은 사망이며, 하나님과 원수 되는 것이며, 하나님을 도저히 기쁘게 할 수 없다고 하셨습니다.

과거 우리 민족은 36년의 일본의 압제 하에 있었지만, 하나님께서 끝내 해방을 주셨고, 6.25 전쟁의 폐허 위에서도 오늘의 부유함을 주셨습니다. 복음의 나라가 되게 하시고, 이제는 선교의 선두주자가 되게 해주셨습니다. 우리 대한민국은 하나님의 도우심을 수도 없이 경험한 복 받은 민족입니다. 우리는 세상에 속한 것이 아니요, 하나님의 사람들로서 소망 없는 인생에 부활의 주님만이 참 소망이라고 증거하는 삶을 살아갈 수 있게 이끌어 주옵소서.

지금도 북쪽에서는 굶주림으로 쓰러지는 동족들이 살고 있습니다. 생활의 격차와 그에 따른 가치관의 혼란으로 목숨을 포기하는 이웃들을 보며 살아가고 있습니다. 더 이상 우리가 이들을 방임하는 죄를 범하지 않도록 우리의 눈과 마음을 열어주옵소서. 한나와 같이 애끓는 심정으로 기도하고, 에스더처럼 나라와 민족을 살리기 위해 일사각오하게 하옵소서. 분연히 일어선 드보라처럼, 로이스와 유니게처럼 믿음의 자녀를 양육하여 우리의 믿음을 계승하기를 소원합니다.

강사 목사님이 말씀을 선포하실 때 우리의 잔이 넘치도록 풍성한 은혜를 채워주옵소서. 여성찬양대가 찬양을 드리오니 홀로 영광 받아주옵소서.

이 시간에도 육체적인 질병과 영적인 눌림과 말 못 하는 여러 가지 사정으로 인해 이 자리에 함께하지 못한 성도들을 기억해 주시고 그들을 회복시켜 주옵소서. 우리와 함께 부활의 주님이 통치하시는 멋진 소원의 항구에 넉넉히 이르도록 도우시기를 간구합니다. 그리스도만 더 존귀하게 되기를 소원합니다.

예수 그리스도의 이름으로 기도합니다. 아멘.

2008. 10. 14.
여성부흥회

다음 세대를 세우게 하소서

사랑의 하나님 아버지!

오늘도 긍휼을 베풀어 주셔서 아버지께 영광을 돌릴 수 있도록 우리를 예배의 자리로 인도하여 주시니 감사합니다. 이 시간 우리에게 은혜로 주신 구원을 기억하시고 이 예배를 받아주옵소서.

아버지의 은혜 안에 머물기를 바라면서도, 한편으론 세상의 보암직하고 먹음직한 것들에 마음을 빼앗겨 말씀대로 살지 못했음을 고백합니다. 또 구원받은 천국 백성으로 세상의 빛과 소금의 사명을 다하지 못한 부끄러운 삶도 용서하여 주옵소서. 이 시간 우리에게 향하신 주님의 마음을 헤아려 깨닫는 지혜를 주시고, 힘써 행하는 저희 모두 되게 하옵소서.

주님께서 우리 교회에 허락하신 4대 비전을 통해 죽어가는 영혼들을 바라보게 하시고, 구원받지 못한 주위의 많은 사람에게 복음을 전하는 자가 되게 해주옵소서. 4대 비전의 성취를 통해 예배가 살아있고, 말씀의 능력이 역사하며, 성령이 충만한 교회로 날마다 성장하게 하옵소서.

아버지께서 은혜로 허락하신 제3교육관 건축을 위해 밀레니엄 건설을 준비해 주심을 감사합니다. 단단한 바위로 인해 난공사였던 건축의 기초공사를 안전하게 마치고, 올해 10월 25일 준공을 순조롭게 하심도 감사합니다. 좋은 일기를 허락해 주시고, 총공사비 마련 및 공사 진척에도 차질 없이 지급될 수 있도록 재정의 은총도 베풀어 주옵소서.

이제 3월을 맞이해 연중 심방과 각종 성경학교와 교회 주요행사들이 시작되었습니다. 마칠 때까지 오직 성령께서 주관하시고 인도하셔서, 우리를 향하신 주님의 사랑과 구속의 은총만이 충만히 드러나게 하옵소서.

오늘도 담임목사님을 통해 은혜의 말씀을 전하게 하시니 감사합니다. 이 말씀을 사모하여 많은 성도가 이 교회를 찾게 하심도 감사하며, 특별히 미디어를 통해 많은 사람에게 말씀을 증거하게 하심도 감사합니다. 영·육간에 더욱 강건함을 주셔서 이 귀한 사명을 끝까지 잘 감당하는 충성되고 귀한 종 되게 해주옵소서.

찬양대와 체임버 오케스트라가 아버지께 찬양을 드리오니 기쁘게 받아주옵소서. 또 찬양 중에 역사하셔서 찬양을 부르는 이들과 찬양을 듣는 성도들 모두, 하늘의 평강과 위로를 맛보는 은혜의 시간이 되기를 원합니다.

오늘 말씀을 듣고 깨달아 앞으로 일주일 동안 세상에서 살면서 죄를 범하지 않도록 도우소서. 설령 범죄할지라도 회개하는 마음을 허락해 주셔서, 주님의 이름으로 자백하게 하시고 변화되는 은혜가 있게 해주옵소서.

이 모든 말씀을 십자가에 죽기까지 우리를 사랑하시는 예수 그리스도의 이름으로 기도합니다. 아멘.

2009. 3.
제3교육관 건립예배

내가 여기 있나이다

사랑의 하나님 아버지!

2012년 교회 총 여전도회 임·역원들이 한 해의 일을 시작하기 전에 기도회로 모였습니다. 5,000여 성도들을 대표해서 일하라고 막중한 책임을 맡기셨지만, 우리는 연약해서 하나님의 일을 감당하기에는 한없이 부족합니다. 그럼에도 불구하고 부르심을 받들어 이 자리에 엎드렸으니, 우리를 통해 새 일을 행하옵소서. 이사야 선지자가 "나는 입술이 부정한 사람이다"라고 고백했을 때, 하나님은 "제단의 핀 숯을 입에 대시니 네 악이 제하여졌고 네 죄가

사해졌다"라고 말씀하셨습니다. 우리의 입술과 심령을 성령의 불로 태우시고, 우리 내면 깊이 있는 악까지 깨끗이 도말하여 주옵소서.

"가서 너도 이와 같이 하라"라고 하신 말씀을 따라, 말과 혀로만 하지 말고 행함과 진실함으로 주의 일을 감당하려고 합니다. 언제든지 주님이 부르신다면 "내가 여기 있나이다. 나를 보내소서."하고 순종하는 우리가 되게 하옵소서.

때로는 사탄이 우리를 조롱하고 걱정과 염려로 우리를 낙심시킬 때에도, 먼저 그 나라와 그 의를 구하겠습니다. 때때로 억울한 말을 듣고, 손해를 보고, 지고 살아야 하는 상황이 올지라도, 주님의 제자로서의 삶을 결코 포기하지 않겠습니다.

모든 여전도회마다 배가시켜 주시고, 모든 여전도회원이 이웃을 섬기는 봉사와 영혼 살리는 일에 한마음으로 동참하게 하옵소서. 2012년 여전도회 연합을 통해 교회의 비전을 이루어 가며 새로운 역사를 써나가도록 복 주시옵소서.

예수 그리스도의 이름으로 기도합니다. 아멘.

2012. 2. 7.

여전도회 총임·역원기도회

멋진 날에

세상은 인생이 나그네 길이라고 합니다.
그러나 우리는 천국을 향해 나아가는
믿음의 순례자들입니다.

권사로 취임 받은 멋진 날
이제 권사님은 교회의 어머니로서
성경적인 가치관과 사고의 틀을 가지고,
기도로써 교회를 바로 섬기는 데 앞장서시길 기대합니다.
고통과 시련 중에 있는 성도들을 격려하고 돌봄으로써
목양의 일익을 담당하고
권사님이 머무는 곳마다 깨어진 관계들이 회복되고
믿음 충만, 은혜 충만, 성령 충만한
사랑의 공동체를 이루어 가시기를 소원합니다.

우리 서로 하나님의 나라를 위한
새 창조의 역사에 역군이 되기를 바랍니다.

2012. 4. 14.

후배 권사의 임직 감사

선배 이설애 권사

아름다운 동행

자비와 긍휼이 풍성하신 하나님 아버지!

오늘은 주님께서 사망의 권세를 깨치시고 부활하셔서 승리하신 복된 주일입니다. 이렇듯 귀한 날을 허락하시고, 특별히 이 시간 '은퇴 원로장로 추대 및 임직 감사예배'로 아버지께 영광 돌리게 하시니 감사합니다. 험한 세상을 사는 동안 아버지의 은혜로 예수를 믿고 구원을 받은 것도 감사한 일인데, 각별하게 택하신 장로, 권사, 장립 집사로 교회 공동체 앞에 세워주시고 봉사하게 하시니 더욱 감사합니다.

만 70세로 시무 정년이 되었지만, 육체적으로는 아직도 모세와 같이 눈이 흐리지 아니하고, 기력이 쇠하지 아니했습니다. 영적으로는 지난날보다도 더욱 말씀을 사모하며 기도에 힘쓰고, 교회를 사랑하는 마음으로 은퇴하게 하시니 주님의 은혜입니다.

앞으로의 삶도 주께서 동행해 주시며 은혜 가운데 지켜 주옵소서. 사람이 정한 시무 정년이 되었을지라도 주님의 일꾼에게는 시무 정년이 없는 줄 믿사오니, 주님 부르시는 그날까지 세움을 받은 일꾼으로서 맡기신 사명을 잘 감당하게 해주옵소서.

영·육간에 더욱 강건함을 주시고, 일꾼에게 합당한 재물의 복도 내려 주옵소서. 자손들에게 믿음의 본이 되게 하시고, 교회 공동체와 복음의 세계화를 위해 기도하는 용사가 되게 하옵소서. 주님 앞에 서는 날, "착하고 충성된 종아, 네가 적은 일에 충성하였다"라고 칭찬받고 상급 받는 종들이 되게 해주옵소서.

이 시간 특별히 두 분의 새로운 일꾼을 안수해 집사로 세우게 하시니 감사합니다. 많은 성도 중에서 특별히 선별하여 세워주신 일꾼이오니, 앞으로 늘 붙들어 주시고 능력을 주셔서, 주신 사명을 잘 감당하는 충성된 종이 되게 하옵소서. 늘 말씀을 사모하며 묵상하여 말씀의 길에서 벗어나는 일이 없게 하시고, 자기 집을 잘 다스리고, 자녀들에게 믿음의 본이 되게 하시며, 가정을 사랑함과 같이 교회 공동체를 사랑하며 섬기는 종들이 되게 도와주옵소서. 오늘 임직받는 집사님들로 인해 하나님 아버지가 늘 기뻐하시며, 강남 성도들의 사랑과 존경을 받는 종들이 되게 해주옵소서.

지난 58년 동안 강남교회를 사랑해 주셔서, 때마다 좋은 목회자를 보내주시고 일꾼들을 세워주셨습니다. 이처럼 은혜 충만한 교회, 성령 충만한 교회로 이끌어 주심을 감사합니다. 은혜 가운데 있을 때 더욱 겸손한 마음으로 감사하며, 더 큰 은혜를 사모하는 강남교회 믿음의 공동체가 되게 하여 주옵소서.

이 모든 말씀을 우리 구주 예수 그리스도의 이름으로 기도합니다. 아멘.

2012. 12. 16.

은퇴 원로장로 추대 및 임직 감사예배

서로 짐을 나누어 지라

하나님 아버지!

강남 노인복지센터 2주년 감사예배를 드리게 됨을 감사합니다.

한국사회가 고령사회로 진입하면서 2008년 7월부터 보건복지가족부는 노인 장기요양제도를 실시하게 되었습니다. 우리 교회에서 현재 일하고 있는 요양보호사들의 요청으로 '노인상담'의 기초 교육을 한 달간 진행합니다. 방문요양 사례 나눔을 통해 기독교 신앙을 기초로 하는 이들 요양보호사의 전문훈련과 지속적인 기도모임이 시급함을 알게 되었습니다.

교회 성도 중에 U 전도사님의 딸이 한강성심병원에서 암 투병 중에 있을 때, 본 교회 요양보호사들의 자발적인 헌신으로 천국에 갈 때까지 수고를 아끼지 않았습니다. 우리 교회도 지역 복지관이 건립되기까지 우선 노인복지센터를 운영하는 것이 시급해졌습니다. 창립 59년이 된 우리 교회에는 소망부 어른들이 많이 있기 때문입니다. 2011년 1월 18일 당회의 허락을 받고 담임목사님과 목회자들, 중직자들이 모여 시작하는 감사예배를 드렸습니다.

우리는 모두 주안에서 한 가족으로서 '서로 짐을 나눠 지라'(갈 6:2)는 담임목사님의 말씀대로, 강남노인복지센터는 지역사회의 소외된 이웃과 소통하는 기구로서의 역할을 하기로 결단했습니다, 센터의 섬김을 통해 노년이 된 어르신들이 사회에 적응하는 데 필요한 인적자원과 물적 자원을 공급하기로 했습니다. 센터는 이윤을 내는 곳이 아니니 빈곤과 질병, 고독, 무위의 고통 속에 살아가는 노년의 삶을 더 높이는 데 힘을 다하겠습니다.

고문과 지도 목사님, 교회 스텝들과 함께 문화교실도 개설했습니다. 한글 교실, 체조 교실, 공예교실, 미술치료 교실, 웰빙 떡 교실을 위해 재능을 기부하는 교회 내 자원봉사자들에게 복 내려 주옵소서. 도시락 배달, 이·미용 봉사, 차량 봉사, 시니어 전도폭발팀들을 기억하옵소서. 하나님이 진정으로 원하시는 일은 영혼 구원에 있음을 알고 복음의 통로가 되게 해주시기를 구합니다.

예수 그리스도의 이름으로 기도합니다. 아멘.

2013. 1. 18.
강남 노인복지센터 2주년 감사예배

너희는 부르짖으라

따사롭고 화사한 4월 봄날에 강남교회 60주년 기념 부흥회를 허락하시니 감사합니다. 변치 않는 하나님의 사랑은 오늘도 자녀들의 사정과 형편을 다 아십니다. 그럼에도 하나님의 백성으로 살게 하시기 위해 오늘 이 말씀의 잔치를 베풀어 주시니 참으로 감사합니다.

우리를 묶고 있는 죄의 사슬을 벗겨 주시기 위해 친히 우리를 찾아오신 아버지의 사랑 덕분에 우리는 구원의 백성이 되고 하나님의 자녀가 되었습니다. 그러나 우리는 하나님이 기뻐하시지 않는 모든 생각과 말과 행동을 끊어내지 못했습니다. 또 우리는 마땅히 해야 할 일을 하지 못한 죄인들임을 고백합니다. 수가성 우물가의 여인처럼 세상의 인간적인 소욕을 좇아 분주하고 고단한 삶을 살아왔습니다. 모두가 헛되고 헛된 것들만 쌓아왔습니다. 채워도 채워도 우리의 목마름은 여전합니다,

하나님의 능력을 불신하고 이방인들과 동일한 방법으로 일을 해결하는 데 급급했던 우리의 부끄러운 죄를 주님 앞에 내려놓습니다. 예수님을 믿은 지 수십 년이 되었지만, 여전히 옛사람으로 살아가는 우리를 불쌍히 여겨 주옵소서.

"너희는 부르짖으라 내가 응답하겠고 크고 비밀한 일을 네게 보이리라"(렘 33:3) 약속하신 하나님 아버지!

우리에게 긍휼을 베풀어 주옵소서. 요나가 고통 가운데 있을 때 하나님만 바라보고 의지한 것처럼, 우리의 생각과 고집을 온전히 내려놓기 원합니다. 우리를 꺾으시고 하나님만 전폭적으로 의지하게 하옵소서.

"여호와는 나의 목자시니 내게 부족함이 없으리로다."(시 23:1)

이 고백을 날마다 선포하게 하옵소서. 영혼이 소생하는 기쁨을 순간마다 누릴 수 있게 우리의 선한 목자가 되어 주옵소서. 한국

교회의 암울한 현실과 한국의 정세들을 보는 우리 믿는 자들이 깨어 기도하게 하옵소서. 남북한이 더 이상 서로 비난하지 않고 복음으로 통일되게 하옵소서. 분단의 아픔이 종식되고 그로 인해 우리의 오랜 상처가 복음으로 회복되게 하옵소서.

요즘 강남교회의 오랜 신앙의 가족들이 소천하셨습니다. 두고 간 가족들의 빈자리로 인해 저희 마음이 쓸쓸하고 몹시 허전합니다. 무슨 일을 만나든지 믿는 자는 하늘 위로를 받을 수 있음을 압니다.

"너희는 먼저 그의 나라와 그의 의를 구하라"(마 6:33)라고 하신 대로, 잠시 이 땅에 사는 동안 세상에 마음을 빼앗기지 않고 하나님 나라를 소망하며 예비하게 하옵소서. 머리와 입으로만이 아니라, 삶으로 증명하는 증인의 삶을 살게 하옵소서.

선교지에 나가 있는 선교사님들, 군 생활과 유학 생활 등으로 가족과 떨어져 지내는 많은 믿음의 가족들, 그리고 모든 이웃과 다음 세대들을 하나님의 품에 맡겨 드립니다. 이 시간을 사모하지만, 사정상 함께하지 못한 당신의 자녀들을 평온케 하시며, 경제적으로 어려움에 처한 이들의 형편을 또한 살펴 주옵소서.

지금 이 시간 우리의 빈 잔을 높이 듭니다. 넘치도록 하늘 양식 내려 주옵소서. 그래서 하나님과 진정으로 새로운 관계에 들어가는 기쁨을 누리도록 은혜 내려주시길 원합니다. 선포하는 말씀에 기름을 부어 주시기를 바라오며, 이 모든 말씀 예수 그리스도의 이름으로 기도합니다. 아멘.

2014. 4

강남교회 60주년 부흥회

하나님을 더 가까이

2019년 8월, 여전도회 연합수련회를 엽니다. 강사 S 목사님을 모시고, '하나님을 더 가까이'라는 주제로 말씀을 듣게 하시니 감사합니다.

"영접하는 자 그 이름을 믿는 자들에는 하나님의 자녀가 되는 권세를 주셨으니 이는 사람의 뜻으로 나지 아니하고 오직 하나님께로부터 난 자들이라."(요 1:12-13)

부족하고 연약한 우리를 하나님의 자녀로 인쳐 주시니 감사합니다. 10개의 총여전도회를 비롯해 250여 명이 한 맘으로 주님을 예배합니다. 마음을 열어 '말씀을 더 가까이'하게 하시고 들을 수 있는 귀를 허락하옵소서. 그동안 분주하다는 핑계로 말씀을 묵상하는 구별된 시간을 충분히 갖지 못했고, 말씀대로 순종하지 못했음을 고백합니다. 용서해 주옵소서.

"모든 성경은 하나님의 감동으로 된 것으로 교훈과 책망과 바르게 함과 의로 교육하기에 유익하니 이는 하나님의 사람으로 온전하게 하며 모든 선한 일을 행할 능력을 갖추게 함이라"(딤후 3:16-17) 라고 말씀하신 것처럼, 깨닫고 행함이 있는 믿음을 주옵소서. 그리스도 예수 안에서 행복한 가정, 사랑이 풍성한 교회, 건강한 사회를 이루어 나가게 하옵소서.

이 시간 라이프로드 싱어즈와 함께하는 찬양 시간과 말씀에 은혜받기를 원합니다. 이 한 해도 여전도회에 주신 사명을 잘 감당하게 하옵소서. 지난 5월 말레이시아 선교와 북한 선교를 위한 바자회를 통해 단기선교와 교회학교 수련회를 감당하게 되었습니다. 9월에 계획하는 '이웃사랑 바자회'를 통해서 지역의 조손 가정들과 독거 어르신들 가정을 지속적으로 섬길 수 있도록 필요한 물질을 허락해 주옵소서.

특별히 이 나라 이 민족을 불쌍히 보옵소서. 우리 민족이 하나님을 불신하는 죄를 용서하시고 주변 국가, 특히 일본과의 갈등 문제 해결을 하나님의 선하신 손에 맡깁니다. 우리는 아무 능력도 없습니다. 도와주옵소서. 수고하는 총여전도회 회장단들 위에 복을 주시고 끝까지 충성하도록 인도하옵소서.

　　우리의 소망 되시는 예수 그리스도의 이름으로 기도합니다. 아멘.

2019. 8. 5.

교회 여전도회 연합수련회

2

차세대(군 선교 및 청년)들을 위한 기도

산 소망 되시는 예수 그리스도

대한의 아들들을 십자가의 군병으로

창조주 하나님

군 장병들을 축복하며

다음 세대를 기억하옵소서

믿음을 계승하는 다음 세대

군 교회를 하나님의 군대로

차세대(군 선교 및 청년)들을 위한 기도

산 소망 되시는 예수 그리스도

사랑하는 하나님 아버지!

오늘 노회 여전도회연합회가 군 승리교회에서 사랑하는 장병들과 주일 저녁예배를 드리게 됨을 진심으로 감사합니다.

우리가 말씀을 듣고 교회를 떠날 때마다 말씀대로 살기로 결단을 하지만 우리의 습관이 되어버린 생각과 말과 행동으로 하나님이 싫어하시는 죄를 수없이 지었음을 고백합니다. 하나님의 자녀로서 전폭적으로 하나님을 신뢰하지 못한 불신의 죄를 용서하옵소서.

이곳에 머리 숙인 사랑하는 아들들은 국토방위의 의무를 다하기 위해 잠시 그리운 가족들을 떠나서 지내고 있습니다. 이 시간 생명의 주님을 만나게 하시고 구원받은 형제들에게 그리스도인으로서의 정체감을 갖게 하셔서, 하나님이 기뻐하시는 일에 응답하는 삶으로 인도하여 주옵소서.

지난 4월, 천안함 사건으로 인해 군과 온 국민이 슬픔에 잠겨 있습니다. 하나님은 6.25 전쟁으로 갈 바를 알지 못하던 이 나라에 복음으로 우리 민족을 살려 주셨고 한국 교회와 군 교회를 세우셨습니다. 어느 때보다 위기 앞에 놓인 군을 보호해 주셔서 다시는 전쟁이 없는 나라가 되게 하옵소서. 전쟁은 하나님께 속한 것이니 예수 그리스도만을 따라가는 이 민족이 되도록 은혜를 주옵소서.

가난했던 우리나라가 이제 경제대국이 되었고, 올림픽과 월드컵에서 대한민국의 위상이 높아졌습니다. 선교 한국이 되어 복음 증거의 선봉에 서기 원하시는 하나님의 뜻을 깨닫습니다. 세상의 악한 문화를 조장하는 어두운 세력들이 우리의 마음을 교란할 때 혼미해지지 않도록 성령으로 은혜를 덧입혀 주옵소서.

목사님이 말씀을 선포하실 때 우리 마음이 뜨겁게 하셔서 은혜 충만, 믿음 충만, 성령 충만한 교회가 되게 하옵소서. 광야 같은 이 세상 주만 의지하면서 날마다 강건하게 해 주실 것을 믿으며, 우리의 산 소망 되시는 예수 그리스도의 이름으로 기도합니다. 아멘.

2010. 6. 27.

승리교회 리모델링 답사

대한의 아들들을 십자가의 군병으로

사랑의 하나님 아버지!

오늘 저녁 교회 권사님들과 권사 선교합창단이 믿음교회의 장병들과 함께 예배하게 하심을 감사합니다.

3월의 봄소식을 기다리며 최전방 GOP 부대로 오는 길에 주님이 우리에게 주신 아름다운 금수강산을 보니 감사한 마음이 넘칩니다. 공의의 하나님께서는 우리를 사랑하시지만, 우리의 죄는 미워하셔서 반드시 지은 죄를 벌해야 하셨습니다. 하나님은 이 문제를 해결하기 위해 사랑하시는 아들을 이 땅에 보내셔서 십자가를 지게 하시고 '다 이루었다'라고 하셨습니다. 우리의 죗값을 완불해 주셨으니, 이제 우리는 죄인이 아니요, 의인이 되었습니다.

"영접하는 자 그 이름을 믿는 자에게는 하나님의 자녀가 되는 권세를 주셨으니 그 이름을 믿는 자는 이미 영생을 가졌다"(요 1:12)라고 했습니다. 지금도 부활의 예수님이 영생의 선물을 받겠느냐고 물으신다면, "예"하고 믿음으로 영생의 선물을 받겠습니다.

사랑하는 가족들의 품을 떠난 최전방 부대 장병들을 아버지의 크신 품으로 안아 주옵소서. 만족하지 못한 환경일지라도 주님의 생명 싸개로 꼭 싸매 주옵소서. 그래서 날마다 새로운 가치와 비전을 보게 하옵소서. 병영생활의 외로움과 고충은 있겠으나 오히려 이 시간을 주님과 대화할 수 있는 기회로 삼게 하시고, 주님과의 은밀한 교제 속에서 새로운 삶의 전환점을 맞이하게 하옵소서.

제 5사단장님 이하 모든 장병에게 복 주옵소서. 우리 부모세대가 이루지 못한 통일의 과업을 안은 채 민족끼리 대결하고 있는 현실 속에서 국방에 대한 사명의식과 용기를 더해주옵소서. 우리의 찬양을 받으시고, 말씀으로 힘을 얻는 예배가 되도록 은혜를 주옵소서.

유일한 구원자 예수님의 이름으로 기도합니다. 아멘.

2012. 3. 18.

믿음교회

창조주 하나님

온 우주 만물을 창조하시고 온 세계의 역사를 주관 하시는 하나님!

우리의 아버지가 되어 주셔서 감사합니다. 우리 노회 산하 모든 지교회들을 든든히 세우셔서, 이단의 세력에서 교회를 지켜 주시고, 복음으로 교회와 성도들을 지켜 주옵소서.

매일 세계 각지에서 일어나는 재해와 전쟁과 경제의 한파 속에서 한국 교회를 지켜 주시고, 올해 이렇듯 기드온군교회의 리모델링을 허락하시니 감사합니다. 모든 영광을 주님 홀로 받으옵소서. 회장님 이하 임·역원, 협동 총무들, 증경들과 회원들이 동참했습니다. 이 일에 동참한 모든 회원 가정의 필요들을 채워주시며 가족과 일터에 복 주시기 원합니다.

바울이 옥중에서도 그 고난을 주를 위해 기뻐하고 성도들을 위한 수고를 아끼지 않은 것처럼, 이 자리에 머리 숙인 '평생회원'들의 아름다운 헌신에 기름을 부어주시고 충만한 은혜를 더하여 주옵소서. 그리스도의 사랑과 복음을 흘려보내는 삶을 살게 도와주옵소서.

우리를 구원해 주신 예수 그리스도의 이름으로 기도합니다. 아멘.

2013. 10. 17
기드온교회

군 장병들을 축복하며

온 세상을 창조하시고 하나님의 형상대로 우리를 지으신 후 심히 보기에 좋았다고 하신 하나님 아버지!

아버지의 그 창조 섭리에 감사와 찬양을 올립니다. 오늘 여기 파주 율곡교회의 사랑하는 장병들과 권사 선교합창단원들이 한자리에 모여 주일 오후 예배를 드리게 됨을 감사합니다.

세월호 참사가 발생한 지난 4월 이후 온 나라는 물론 우리 국민들은 깊은 마음의 상처로 인해 여전히 슬픔에 젖어 있습니다. 잘 키운 자녀들을 갑자기 잃고 상심에 젖어 있는 가족들을 위로해 주옵소서. 안전에 부주의했던 사회 지도층의 잘못을 용서해 주시고, 이런 아픈 사고의 희생이 반복되지 않도록 사회안전망을 더욱 견고히 할 수 있기를 원합니다.

세상의 많은 사람은 돈과 명예와 권력이 있으면 안정된 삶이 보장될 거라고 생각합니다. 우리 젊은 세대들은 많은 선택의 기로에서 갈등하며 살고 있습니다. 이들을 인도하여 주옵소서.

성경은 "모든 사람이 죄를 범하였음에 하나님의 영광에 이르지 못하더니"(롬 3:23)라고 말합니다. 죄의 문제를 해결하기 위해서 하나님은 그의 사랑하는 아들 예수 그리스도를 이 세상에 보내셨습니다.

"너희는 그 은혜에 의하여 믿음으로 말미암아 구원을 받았나니 이는 너희에게서 난 것이 아니요, 하나님의 선물"(엡 2:8~9)이라고 했습니다. 또한 "믿는 자는 영생을 이미 받았다"(요 6:47)라고 말씀하셨습니다.

여기 사랑하는 장병들은 남북이 분단된 대한민국에서 태어났고, 이제 군 장병이 되어 집을 떠나 나라를 지키고 있습니다. 젊음의 귀한 시간을 나라와 민족의 안전을 지키기 위하여 헌신하는 이들에게 복 주옵소서. 이 시간을 각자 자신을 돌아보며 내일을 준비하는 시간으로 구별해 주시고 위로해 주옵소서.

이 시간 목사님이 전해주실 말씀을 듣고 거듭나는 은혜를 체험하는 복된 시간이 되게 하옵소서. 세끼 밥을 위해 사는 인생이 아니라, 하나님의 영광을 위해 쓰임 받는 인생이 되도록 복 주옵소서.

길이요, 진리요, 생명 되신 예수 그리스도의 이름으로 기도합니다. 아멘.

2014. 6. 29. 율곡(군)교회
권사 선교합창단 단장

다음 세대를 기억하옵소서

사랑하는 하나님 아버지!

복음의 나라 대한민국에 태어나게 하시고, 군 교회인 충성교회에서 말씀을 들으며 군복무를 할 수 있도록 인도해 주신 주님의 은혜에 감사합니다. 특별히 오늘 저녁에는 우리 권사 선교중창단이 장병들과 함께 예배하게 되어 기쁘기 그지없습니다.

우리는 하나님이 기대하는 삶에 미치지 못하고 연약하고 부족한 존재들입니다. 거짓말, 도적질, 속임수, 불순종같이 하나님이 기뻐하지 않는 생각과 말과 행동을 자주 일삼고, 마땅히 해야 할 일을 하지 못한 것을 고백합니다. 이 시간 긍휼과 자비하심으로 용서해 주옵소서.

우리 민족은 과거 일제의 압제 하에서 36년간 고통을 당했고, 6.25 전쟁을 겪으면서 무수히 많은 우리의 부모와 형제들을 잃었습니다. 하나님은 폐허에서 울며 절망에 빠진 이 나라를 복음 선교에 앞장서고 부강한 나라가 되게 해주셨습니다. 편안한 집을 떠나 병역의 의무를 감당하는 젊은이들과 다음 세대를 기억해 주옵소서. 남북 분단을 어서 속히 풀어 주셔서 우리 젊은이들이 마음껏 미래를 준비하도록 통일을 허라해 주옵소서.

이곳에 머리 숙인 장병들의 잠깐 머무는 병영 생활이, 앞으로 나아갈 이들의 삶을 오히려 준비하는 시간이 되기를 소원합니다. 무엇보다도 참 구원자이신 예수를 믿고 구원받게 하시고, 우리 장병들이 힘과 용기를 얻게 하옵소서.

그리운 가족들을 대신해서 우리가 방문했습니다. 이 예배가 은혜의 시간이 되기를 간절히 구합니다. 천국 영생을 선물로 주시기 위해 그의 아들 예수 그리스도를 보내주심에 감사하오며, 지금 우리 마음의 문을 엽니다. 이 시간 우리 마음에 들어오셔서 우리의 구세주가 되옵소서. 또 주님께서 약속하신 대로 이 세상 끝까지 우리 장병들의 생애를 불꽃같이 지켜 주시고 인도하여 주옵소서.

예수 그리스도의 이름으로 기도합니다. 아멘.

2014. 12. 10. 오후 7시
노량진충성교회(군) 수요예배

믿음을 계승하는 다음 세대

사랑의 하나님 아버지.

화사한 봄 4월을 허락하시고 강남교회 남전도 회원들이 이곳 천군 군인교회를 방문하여 젊은 병사들과 함께 예배하게 하시니 감사합니다.

올해는 3.1 독립운동 100주년을 맞는 해입니다. 1919년 당시 2천만 대한민국 가운데 그리스도인은 1%에 불과했습니다. 그 소수의 기독교인이 하나 되어 독립운동의 핵심 역할을 담당했습니다. 8.15 광복과 6.25 전쟁의 역경 속에서도 이 나라의 민주화와 선진화에 중추적 역할을 감당했습니다. 세계에서 제일 가난했던 이 나라를 10대 경제 대국으로 발전하게 인도해 주셨습니다.

간절히 원하옵기는, 지금 이 예배에 참석한 우리 젊은 용사들을 기억해 주옵소서. 어느 때보다도 믿음의 용사들이 필요한 이때, 이들의 헌신으로 이 나라의 국방이 든든해지고, 이들의 노력과 수고로 이 나라가 더 부강해지며, 이들의 믿음으로 하나님 아버지의 사랑과 복을 받는 나라가 되게 해주옵소서.

특별히 국방을 위해 헌신하는 저들의 군복무 기간을 더욱 복되게 하옵소서. 힘들고 외로울 때 주님을 만나는 은혜가 있게 하시며, 믿음과 기도로 소망을 가지고 장래를 준비하는, 값지고 보람 있는 시간이 되게 해주옵소서.

오늘 말씀을 전하시는 ○○○ 목사님에게 능력을 더해주셔서 말씀을 사모하는 심령마다 흡족한 은혜의 단비를 맞는 복된 시간이 되게 해주옵소서. 어느 목회 현장보다 더 힘들고 어려운 곳이 군 선교 목회입니다. 목사님의 건강과 가정과 사역 위에 하나님 아버지의 돌보심과 인도하심이 늘 함께 해주옵소서. 막중한 임무를 맡아 수고하면서도 젊은 병사들에게 믿음의 본을 보이며 예배를 인도하는 ○○○ 연대장님과 늘 동행해 주옵소서. 군무와 가정과 신앙생활이 요셉과 같이 형통하게 해주옵소서.

우리 죄를 사하시려 십자가에 달리신 하나님 아버지, 이곳에 임재하셔서 우리의 찬양과 기도를 들으시고, 이 예배를 받아주옵소서.

이 모든 간구를 우리 구주 예수 그리스도의 이름으로 기도합니다. 아멘.

2019. 4. 7.
천군 군인교회

군 교회를 하나님의 군대로

온 세상과 개인의 역사를 주관하시는 하나님!

이 시간 2009년 새 회장님 이하 임·역원들과 협동 총무들, 증경들, 각 지회 여전도회 임원단들이 모여 회의를 앞두고 먼저 하나님 아버지께 예배와 찬양을 드립니다.

경제 불황으로 인한 실직과 파산, 불투명한 진로와 좁은 취업문, 크고 작은 화재사건과 그로 인한 피해, 질병과 재해…. 그러한 현실 속에서 하나님 앞에 범죄한 우리로 인해 세상은 고통의 신음소리가 높아만 갑니다.

과거 이 민족은 억압과 전쟁과 IMF의 위기 속에서도 건져주신 기적의 은총을 잊지 않고 있습니다. 그러나 아직도 하나님을 경외하지 않고 생명과 부활의 주님이 열어 놓으신 구원의 길을 알지 못하는 이 민족의 죄를 고백하오니 긍휼히 여겨 주옵소서.

과거 믿음의 선진들은 내 집보다 교회를 먼저 지었고, 산과 들에서 눈물 뿌리며 기도하며 믿음을 지켜왔습니다. 그런데도 우리는 그런 자리에 있으면서도 방관만 하고 있습니다. 유럽의 유수한 교회들이 교인들이 없어서 술집으로 팔렸다는 안타까운 소리를 들을 때마다 두렵고 떨립니다. 이제 하나님을 알지 못하는 다른 세대들을 이대로 방치한다면 한국 교회의 미래가 사사 시대처럼 암울한 시대가 될지도 모릅니다.

"나를 따라오너라. 내가 너를 사람을 낚는 어부가 되게 하리라"(마4:19), "땅끝까지 이르러 내 증인이 되리라"(행1:8) 라고 하신 말씀대로, 생명을 살리는 일에 사용해 주시기 원합니다.

우리 연약한 여성들이 쥐고 있는 물질은 작아도 IMF 때도 군교회 건축을 쉬지 않게 하셨습니다. 우리의 밥상 위의 찬을 하나줄이고, 날 위해 십자가 지신 주님께 한 끼를 대접하는 심정으로 동참하게 하옵소서. 이 위기의 시대에 기도로 세우신 군 교회를 통해 새벽이슬 같은 청년들이 하나님의 군대가 되어, 이 나라와 이 민족을 살리게 하옵소서. 하나님의 소원을 이뤄 드리는 강남노회가 되도록 인도해 주옵소서.

예수 그리스도의 이름으로 기도합니다. 아멘.

2009. 2. 15

노회 공동체를
위한 기도

3

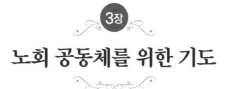

노회 공동체를 위한 기도

우리에게 새 부흥을 허락하소서

사랑의 하나님 아버지!

하나님의 선하심과 인자하심으로 아무도 빼앗을 수 없는 구원의 복을 주시니 감사합니다. 처음에는 뜨겁게 시작했던 신앙생활이었으나, 명목상 그리스도인으로 변질되어가는 우리를 긍휼히 여겨 주옵소서.

오늘 저녁 강남노회 산하 기관들이 연합해 노회 분립 이후 처음으로 연합수련회로 모이게 됨을 감사합니다. 이 시간 우리를 이 자리에 모이게 하신 뜻은 "땅끝까지 이르러 내 증인이 되라"(행 1:8)라고 하신 우리의 사명을 재확인하는 자리인 줄 믿습니다. 이 혼탁한 세상에서 빛과 소금으로 살게 하옵소서.

여전도회 연합회는 미자립교회, 선교 사역, 소외된 이웃과 총신대학교 장학금을 지원해 오고 있습니다. 올해는 제5사단 믿음의교회 리모델링을 우리에게 맡기셨습니다. 노회 분립으로 우리의 사역이 조금도 위축되지 않기를 원하오며, "가서 너도 이와 같이 하라"라고 하신 약속의 말씀을 붙들고 다시 일어섭니다. 주님의 손과 발이 되는 일이라면, 무엇이든 핑계 대지 않고 무조건 순종하려고 합니다.

"쟁기를 쥐고 뒤를 돌아보는 자는 하나님 나라에 합당치 않다"(눅 9:62)라고 하신 말씀대로 늘 코람데오의 정신으로 결단하게 하옵소서. 2012년에도 늘 하늘 아버지께서 공급하실 것을 믿습니다.

우리의 잘못을 고백하기만 하면 용서해 주시는 예수 그리스도의 이름으로 기도합니다. 아멘.

2012. 5. 20.
공항 성산교회. 강남노회 연합수련회

노회 총회

* 하나님 마음에 합한 자를 주소서

사랑의 하나님 아버지!

2013년 정월, 지교회의 충성된 여전도회 회원들을 모으시고 하나님께 예배하게 하심을 감사합니다.

우리를 하나님의 형상대로 창조하신 후 심히 좋았다고 만족해하신 하나님. 큰 죄악에 빠진 인생들을 홍수로 멸하시고 구름 속에 무지개를 증거로 두시고 다시는 우리를 멸하지 않으시겠다고 언약해 주신 하나님 아버지. 그의 사랑하시는 아들 예수 그리스도를 이 땅에 보내셔서 우리를 죄에서 구속하시고 자녀의 권세를 주셔서 영원한 생명길로 인도해주셨습니다. 그런데 우리는 여전히 죄를 짓고 사는 부족한 인생들입니다. 그러함에도 버리지 않으시고 회개하면 일흔 번에 일곱 번이라도 용서하시니, 그 크신 하나님의 사랑과 은혜에 그저 감사합니다.

2012년 37회기 회장님과 임원, 역원, 협동 총무, 모든 여전도회원이, 우리의 눈으로 보기에는 어떠하든지 눈물의 기도로 기적을 경험하게 하셨으니 감사합니다. 베드로가 자기 실력으로 밤새도록 고기를 잡았으나 얻지 못하다가, 주의 말씀에 의지하여 그물을 던졌을 때 만선의 복을 받았습니다.

이렇게 우리에게 날마다 기적을 베푸시는 주님, 주님의 그 능력을 의지하여 이제 2013년 38회기 임원선거를 시작합니다. 하나님 마음에 합한 자를 뽑게 하옵소서.

사람의 외모를 보지 않고 중심을 보시는 하나님 아버지.

어떠한 환경 속에서도 믿음의 눈으로 하나님을 신뢰하던 여호수아와 갈렙 같은 일꾼을 세우기를 원합니다. 함께하여 주옵소서. 그리하여 노회 여전도회연합회가 사도행전적 선교의 역사를 계속 써 나가도록 복 주시기를 간구합니다.

2013년도에도 새 일을 행하실 예수 그리스도의 이름으로 기도합니다. 아멘.

2013. 1. 17.
총회 임원선거

* 믿음으로 사는 자의 하늘 위로

온 우주 만물을 창조하시고 역사의 주관자가 되시는 하나님 아버지!

2014년 제39회 노회 여전도회 연합회 총회를 열어주심을 감사합니다. 2013년 작년에도 맡기신 군 선교 사역을 감당하게 하심을 감사합니다. 이 일을 위해 세우신 회장단 이하 지교회 회원들이 최선을 다해 감당하였음을 하나님께 보고드립니다. 연약한 우리의 힘으로는 도저히 불가능한 일이었지만, 하나님께서 붙잡아 주시고 인도해 주셔서 해낼 수 있었습니다. 감사합니다.

"예수 예수 믿는 것은 받은 증거 많도다."

"믿음으로 사는 자는 하늘 위로 받겠네 무슨 일을 만나든지 예수 인도하셨네."

이 찬양에 우리의 마음을 담아 올려드립니다. 죄 많은 이 세상은 소망이 없지만, 우리가 영원히 살 곳은 하나님이 계신 천국이오니, 천국 시민으로서의 정체성을 잃지 않고 선한 경주를 하게 하시고 낙심하지 않도록 붙들어 주옵소서.

사사 시대와 예수님이 세상에 계실 때, 그리고 초대 교회에 이르기까지 주님의 손과 발이 되었던 수많은 여성이 있었습니다. 우리도 선교의 역사를 계속 써 나가는 신실한 동역자들이 되도록 주님 함께하여 주옵소서.

우리 노회 여전도회 연합회에게 맡기신 군 선교는 다음 세대를 위한 중차대한 일입니다. 이 나라의 미래와 교회와 가정의 미래가 저들의 어깨에 달려있습니다. 이 일에 동역했던 모든 회원의 가정과 자녀들과 일터와 교회에 복을 더하여주옵소서. 올해 2014년에도 힘차게 새 출발을 하도록 이끌어 주옵소서.

우리를 구원해 주신 예수 그리스도의 이름으로 기도합니다. 아멘.

2014. 1. 16.

* 총회를 열게 하심을

사랑하는 하나님 아버지!

을미년 새해에 강남노회 여전도회 총회를 여셔서 각 지교회의 충성된 여종을 모으시고 한마음으로 예배하게 하심을 감사합니다.

2014년은 경제적으로 힘든 해였고 세월호 사건으로 온 국민이 슬픔 가운데 지냈습니다. 노회 여전도회연합회에게 맡기신 군 선교의 사명과 이 나라의 기둥이 될 다음 세대를 향한 선교를 계속해서 감당하게 하심을 감사합니다. 이 일을 감당하기 위해 기도하며 섬겨온 회장님 이하 임·역원, 협동 총무님들, 증경회장들의 헌신을 받으신 줄 압니다. 하나님이 맡기신 사역을 이루기 위해 흘린 땀과 기도의 눈물들을 닦아주옵소서. 오직 하나님께만 영광을 돌립니다.

이 시간 특별히 자신의 평생을 하나님 사역에 동참하기를 자원하여 여러 증인 앞에서 고백하는 여종들을 기억하여 주옵소서. 성령의 기름 부으심으로 "의인은 오직 믿음으로 살리라"(롬 1:17) 라고 외치는 충성된 여종들이 되게 하소서. 흩어 나누어 줄지라도 늘 풍성한 물질을 허락하셔서 손이 비어 마음이 낙심되지 않도록 도와주옵소서. 바울이 옥중에서도 찬양했듯이 늘 찬송 중에 거하시는 하나님을 만나게 하옵소서.

2015년에도 하나님의 인도하심을 바라옵니다. 우리의 길을 인도하셔서 필경 감사로 이끄실 하나님의 손에 우리의 매일을 의탁합니다.

우리의 신실한 구원자 되시는 예수 그리스도의 이름으로 기도합니다. 아멘.

2015. 1. 15.

* 하나님이 기뻐하시는 총회가 되게 하옵소서

사랑의 하나님 아버지!

2016년 새해 각 지회의 충성된 여종들이 여전도회연합회 총회로 모였습니다. 2015년 군 선교 사역으로 '깃발교회'를 리모델링하게 하시니 감사합니다. 이 깃발교회를 통해서 다음 세대의 복음화를 기대하며 기도합니다.

2016년 새 임원들을 선출하는 시간입니다 "너희는 먼저 그 나라와 그 의를 구하라"(마 6:33)라고 하신 주님의 명령을 감당하려고 합니다. 41회기 임원들을 선택하여 주옵소서.

미자립교회, 해외 선교, 군 선교, 소외된 이웃 등 섬김이 필요한 곳이라면 어디든지 달려가 도움의 손을 내밀었던 2015년 회장님 이하 동역한 회원들의 가정마다 평안과 형통의 은혜를 주옵소서.

주님, 때때로 주의 일을 하다가 남몰래 흘렸던 이들의 눈물을 기억하여 주옵소서. 선한 일을 하다가 애매하게 고난을 당해도, 실망하지 않고 복음의 깃발을 높이 쳐들고 달려가게 하옵소서. 올해도 중단하지 않고 발이 닳도록 쓰임 받게 하옵소서. 손에 손을 맞잡고 생명 살리는 일에 집중하겠습니다.

우리를 사랑하사 우리를 죄에서 구원하신 예수님의 이름으로 기도합니다. 아멘.

2016. 1. 21.
총회 임원선거

* 영혼의 봄날을

매서운 날씨의 겨울이 가고 3월의 화창한 봄날을 주시니 감사합니다.

오늘 노회 여전도회연합회 실행위원회를 여시고 먼저 하나님께 예배하게 하심 또한 감사합니다.

"땅끝까지 이르러 내 증인이 되리라"(행 1:8)라는 주의 명령에 순종하기 위해 이 자리에 모였습니다. 올해도 부족한 우리를 통해 주님의 뜻을 펼치실 것을 확신합니다. 주님이 주시는 복음의 능력을 믿습니다.

이 시간에 하나님과 사랑하는 회원들 앞에서 자신의 평생을 연합회를 위해, '평생 회원'으로 섬길 것을 다짐하며 결심하는 회원들의 머리 위에 하나님의 거룩한 손을 얹으시고 복 내려 주옵소서.

죄로 물든 이 세상에서 내 마음대로가 아니라 예수님만 바라보게 하시고, 약한 우리가 매일 무너진다 해도 우리를 용서하시고 든든히 세워주옵소서.

우리에게 영혼의 봄날을 허락하셔서 매일 새로운 회복을 경험하기 원하오며, 예수 그리스도의 이름으로 기도합니다. 아멘.

2016. 3. 17.
여전도회연합 실행위원회

새로운 역사를 허락하소서

사랑하는 하나님 아버지!

"땅끝까지 이르러 내 증인이 돼라"라고 하신 표어 아래, 노회 여전도회연합회 제37회기가 새 역사를 시작합니다. 연약한 여성의 몸이지만 그동안 우리에게 하나님의 귀한 일을 맡겨주시고, 이제 올해 펼치게 될 새로운 사역을 위해 각 지교회의 충성스러운 여전도회 회원들을 모아주시니 감사합니다.

1992년부터 오늘에 이르기까지 군 선교 사역에 전념해온 여전도회를 통해 18개의 군 교회 설립과 증축을 감당하게 하셨으니, 이 모든 영광을 하나님께 돌립니다.

올해 우리 강남노회는 분립으로 인해 노회 살림이 줄어들 게 예상되지만, 하나님의 생각과 우리 생각은 늘 다르다는 것을 압니다. 한국 교회는 복음을 받아들인 초창기부터 교회를 세우는 일에 열심을 다했습니다. 그런 우리를 하나님은 이제 전 세계 어디서도 찾아볼 수 없는 선교 대국으로 우뚝 세워주셨습니다. 구원의 백성에게 원하시는 것은 무엇이겠습니까?

주님은 "너희는 먼저 그의 나라와 그의 의를 구하라"라고 하셨습니다. 십자가상에서 "다 이루었다"라고 절규하신 예수님의 음성을 잊지 않게 하옵소서.

이번 주는 주님의 부활을 준비하는 사순절입니다.

"내 너를 대속했건만 너 무엇 주느냐?"라고 물으신다면 할 말이 없습니다. 고침 받은 열 명의 문둥병자 중에서 한 명만 찾아와 감사했을 때, 9명의 문둥병자는 어디 있느냐고 주님이 물으셨습니다.

커피 한 잔 값이면 북한에 보낼 성경이 한 권이며, 커피 두 잔이면 군 선교가 가능하다고 합니다. 헌금을 작정하는 이 시간, 우리에게 일을 맡기시고 책임져 주시는 분은 오직 하나님 아버지시라는 것을 믿습니다. 광야 같은 이 세상에 사는 동안 가장 귀한 그 일, 영혼을 살리는 일에 쓰임 받는 인생이 되게 하옵소서.

바쁜 일상 속에서 하나님의 귀한 역사에 동참할 수 있는 길은 군 선교에 동참하는 길이라고 생각합니다. 한 해 동안 성령 충만, 믿음 충만, 은혜 충만하게 하옵소서. 2012년도 가장 귀한 영혼을 살리는 일에 쓰임 받는 인생이 되게 하옵소서.

우리의 기도를 들으시는 예수 그리스도의 이름으로 기도합니다. 아멘.

2012. 3. 15.

노회 분립 후 첫 모임

영생의 축복 감사

　사랑하는 하나님 아버지!

　흩어져 있던 각 지교회 여전도회원들을 한자리에 모으시고 주님이 피로 세우신 이 교회에서 노회 여전도회 연합회로 모이게 하심을 감사합니다.

　우리는 본질상 진노의 자식이었고 세상 풍조를 따라 멸망의 길에서 허물과 죄로 죽었던 존재들입니다. 그러한 우리를 오직 주님의 은혜로 구원해 주심에 감사합니다.

　"너희는 그 은혜에 의하여 믿음으로 말미암아 구원을 받았나니 이것은 너희에게서 난 것이 아니요 하나님의 선물"(엡2:8)이라고 말씀하셨습니다. 값없이 선물로 받은 '영생'의 축복에 감격하고 감사합니다. 우리가 앉고 일어서는 것, 생각하는 것, 오늘까지 신앙의 길에 있게 된 것은 우리의 모든 사정과 연약함을 아시고 우리를 붙들어 주신 하나님 아버지의 전적인 은혜입니다.

　그럼에도 때때로 우리는 하나님의 언약의 말씀을 잊어버리고 하나님을 전적으로 신뢰하지 못할 때가 있었음을 고백합니다. 용서해 주옵소서.

　이 시간 하나님 나라의 일꾼으로 자원하여 자신의 평생을 드리기로 헌신하는 권사님들과 집사님들이 하나님과 여전도회원들 앞에 섰습니다. 한 사람 한 사람을 만져 주시고, 저들의 머리에 기름을 부어 주옵소서. 앞으로 교회와 사회적인 책임을 다하는 가운데 나라와 민족을 위해 기도하고 반응하는 공동체의 일원이 되도록 복 주옵소서.

우리의 구원자 되신 예수 그리스도의 이름으로 기도합니다. 아멘.

2012. 7. 19.
월례회

노회평생회원을 위한 기도

* 평생 동역하게 하옵소서

2017년 정유년 새해에 각 지교회의 충성스러운 여종들을 모으시고 노회 여전도회연합회 총회를 열게 하시니 감사합니다.

부족한 우리에게 맡기신 군 선교 사역과 해외 선교 사역, 미자립교회와 소외된 이웃을 위한 섬김을 잘 감당하게 하심을 감사합니다. 모든 영광을 주님 홀로 받으옵소서.

우리는 하나님의 일을 한다고 하면서도 한 달란트 맡은 종처럼 주님의 마음을 헤아리지 못하여 '악하고 게으른 종'이라고 꾸지람을 듣지나 않을지 두렵습니다. 우리의 능력과 힘만 의지했던 교만을 회개하오니 용서하옵소서.

죄로 더러워진 우리에게 의의 거룩한 옷을 입혀 주시고 산 소망을 주신 하나님 아버지!

올해에도 하나님의 일에 평생 동역하기를 원하는 사랑하는 여종들이 여기에 섰습니다. 바울처럼 "이제 내가 산 것이 아니요. 오직 내 안에 주가 사신 것"이라고 고백하며 주의 성령께서 공급하시는 새 힘에 힘입어 끝까지 충성하게 하옵소서. 헌신하는 모든 여전도회 회원과 교회와 가정 위에 복을 내려 주옵소서.

이 나라와 이 민족을 위해 기도의 사명을 다하는 여전도회 구성원이 다 되도록 인도해 주시기 바라오며, 예수 그리스도의 이름으로 기도합니다. 아멘.

2017. 1. 21.

* 사람이 무엇이기에

사랑하는 하나님 아버지!

칠월의 무더위 속에서도 흩어져 있던 지교회 여전도회 회원들을 모으셔서 함께 예배하게 하시니 감사합니다.

올해 44회기(노회 여전도회)에도 새 회장님 이하 임원들과 모든 여전도회원에 이르기까지 "땅끝까지 이르러 내 증인이 되라"(행 1:8)라는 사명을 주시니 감사합니다.

하나님의 말씀을 들을 때는 순종하리라고 마음을 다지지만, 하나님이 원하시는 선보다 악한 것에 발이 빠른 우리를 불쌍히 여겨 주옵소서. 우리는 저마다의 인생에서 종종 혼자라고 불평하지만, 때마다 하나님은 동행해 주셨습니다. 가진 것이 없다고 불평하지만 천국이 우리의 것이요, 나약하다고 해도 하나님의 자녀임에 틀림이 없습니다. 사방이 꽉 막힐 때마다 하늘 문을 여시고 영원한 소망의 문을 열어주셨습니다. 우리가 한 것은 아무것도 없습니다. 하나님이 하신 일입니다.

"사람이 무엇이기에 주께서 그를 생각하시며 인자가 무엇이기에 주께서 그를 돌아 보시나이까."(시 8:4)

이 시간 여전도회 사역에 개인의 평생을 헌신하고자, 평생회원으로 권사님 6분과 집사님 6분, 성도님 1분, 총 13분을 세우셨으니, 두 손 들어 성령 충만한 복을 내려 주옵소서.

한국에 복음이 들어온 지 130여 년이 되었지만, 동족인 북한은 아직 복음화가 되지 않았습니다. 복음으로 통일시켜 주셔서 8,000만이 함께 복음으로 선교하는 날이 속히 오도록 도와주옵소서.

한국의 주변 국가들, 특히 일본과의 관계를 개선시켜 주셔서 전쟁이 없는 나라가 되도록 인도하여 주옵소서. 한국 교회의 다음 세대들이 우리가 떠난 후에도 믿음의 자리를 굳건히 지켜 믿음을 계승해 가도록 복 주시옵소서. 노회 산하 지교회들, 담임목사님들, 여전도회원들의 건강과 자녀들의 일터 문제가 없도록 눈동자같이 보호해 주옵소서.

우리를 값없이 구원해 주신 예수님의 이름으로 기도합니다. 아멘.

2019. 7. 18.

평생회원 기도

부름의 상을 향하여

우리를 창조하시고 구원하시는 사랑의 하나님 아버지!

온 누리에 봄비가 촉촉이 내리는 3월에 흩어져 있던 강남노회 지교회의 충성스러운 여전도회 가족들을 한 자리에 부르셔서, 한 형제와 자매로 은혜의 보좌 앞에 엎드리게 하심을 감사합니다.

구원의 백성으로 삼으시고 참 하나님의 자녀로 살기 원하시는 하나님 아버지 앞에, 우리의 죄성이 너무나 뿌리가 깊어 생각하는 일마다 악함을 고백합니다. 하나님 아버지의 조건 없는 그 사랑을 생각하면 차마 고개 들 수 없사오나, 그저 불쌍히 여겨주옵소서. 목이 곧은 우리를 용서하소서.

늘 자기중심적이고 이기적인 마음이 앞서서 세상의 악과 유혹을 이겨내지 못하는 우리입니다. 매일 말씀을 듣고도 삶의 현장에서는 이방인과 다를 것 없는 삶을 살면서 하나님께서 싫어하는 일만 행하는 우리를 긍휼히 여겨 주옵소서. 우리의 지식과 경험을 앞세우다가 바닥을 치고 나서야 무릎 꿇는 미련한 우리이지만, 변치 않는 사랑으로 긍휼과 자비하심으로 우리의 허물을 덮어주옵소서.

2019년 3.1운동 100주년을 맞이했습니다. 나라와 교계에선 이

뜻 깊은 날을 기념하며 여러 가지 감사의 예식들을 준비하고 있습니다. 3.1운동 당시 1%의 기독교인이 이 나라와 민족을 살리는 일에 앞장섰고, 우리는 복음으로 선교 강국이 되었으며, 소득 3만 불이 넘는 선진국이 되었습니다.

이렇게 우리 민족은 복음을 받아 누리는 복이 차고도 넘칩니다. 그러나 유독 군 선교는 복음 전파의 사각지대가 많습니다. 군 교회가 없는 곳과 낙후되어 더 이상 예배드리기 어려운 곳을 찾아내 리모델링하려고 합니다. 올해도 경제적인 어려움 속에서도 주저하지 않고 주의 일을 먼저 생각하는 사랑하는 딸들의 손 위에 기적을 덧입혀 주옵소서.

우리의 작은 손을 펴서 이 일에 동참하려고 합니다. 한 아이의 손에 들려져 있던 물고기 두 마리와 보리 떡 다섯 덩어리를 받으시고 축사해 주신 주님 주위의 누군가가 주릴 때, 목마를 때, 나그네 되었을 때, 헐벗었을 때, 병들었을 때, 옥에 갇혔을 때 돌봐주고, 형제 중 지극히 작은 자 한 사람에게 한 것이 곧 예수님께 한 것이라고 칭찬해 주신 주님.

참 부활을 믿고 사는 우리는 이 세상의 삶이 전부가 아닙니다. 우리도 바울처럼 부름의 상을 향하여 날마다 달려가서 우리의 의로운 재판장이 의로운 면류관을 씌워 주실 것을 믿고 뒤로 물러

서지 않겠습니다. 올해 새로 세우신 회장님 이하 임·역원, 모든 회원, 이를 위해 기도하는 증경들 위에 이 나라 이 민족을 살리는 군선교 사역을 맡겨주옵소서. 남북 간에 화해의 분위기가 조성되고 있습니다. 지구촌 유일한 분단국인 이 나라 대한민국을 굽어살펴 주옵소서.

"나와 내 집은 오직 여호와만 섬기겠노라"(수 24:15)라고 고백하는 우리와 교회와 가정과 자녀와 일터에 두 손 들어 복 주옵소서.

우리의 기도를 응답해 주시는 예수님의 이름으로 기도합니다. 아멘.

2019. 3. 21.

교회갱신협의회와
총체적 복음사역을
위한 기도

4

교회갱신협의회와 총체적 복음사역을 위한 기도

일치, 화합, 갱신을 위해

올해 제11회째 맞이하는 교회갱신협의회의 영성수련회를 허락하신 은혜에 깊이 감사합니다. 8월의 무더운 태양의 열기보다 하나님을 더 뜨겁게 사랑하며 하나님의 진정한 목회자로 거듭나기를 소원하는 우리를 이 은혜의 자리로 불러 모아 주신 하나님께 감사와 영광을 돌립니다.

잠시 잠깐도 목회의 현장에서 떠나 있을 수 없고 그로 인한 압박으로 인해 거의 탈진된 우리의 상태를 아시고, 친히 엘리야에게 찾아오셔서 먹이시고 어루만지셨던 위로의 사랑이 우리에게도 느껴집니다.

복음으로 축복받은 대한민국입니다. 1907년 평양의 대부흥을 상기하는 2007년도 올해, 다시 그날의 부흥을 꿈꾸게 하옵소서. 지난 7월 상암경기장에서 모인 10만이라는 하나님 백성의 열망을 보셨습니다. 우리를 새롭게 하실 분은 오직 역사의 주관자이신 하나님뿐입니다. 그동안 우리의 열매 없음을 인식하지 못하고 남의 탓으로 돌렸던 바로 나와 우리가 변화될 존재임을 고백합니다. 상한 심령으로 아버지 앞에 엎드리오니, 긍휼하심으로 저희를 용서하옵소서.

그동안 한국 교회의 성장과 축복에 취해 안일했던 우리의 일그러진 모습을, 휘청거리고 있는 한국 교회의 민낯을 주님 앞에 내놓습니다. 또 9월에 있을 총회를 앞두고 고민하고 있습니다. 이제는 교단과 교파를 초월해 손에 손을 맞잡고 교회의 갱신과 일치, 섬김으로 나아가길 원합니다. 부디 붙잡아 주시고 인도하여 주옵소서.

수련회 준비를 위해 수고하신 임원 목사님들, 강사 목사님들, 모든 스텝, 그리고 기꺼이 주님의 손과 발이 되어준 모든 분에게 복 주옵소서. 교회갱신협의회 회장님이신 옥한흠 목사님의 건강 회복을 진심으로 감사합니다. 이 시간 어떤 목회의 장애와 한계 상황도 넉넉하게 뛰어넘는 영적 리더들이 되도록 도와주옵소서.

예수님의 이름으로 기도합니다. 아멘.

쉼과 회복을 위해

사랑하는 하나님 아버지!

올해도 제18회 교회갱신협의회 수련회를 여시고 은혜의 자리에 모이게 하심을 감사합니다. 쉽게 떠나올 수 없는 목양의 일상을 떠나 사랑의교회 안성수양관에서 참 쉼과 회복의 시간을 갖게 하시니 감사합니다.

그동안 우리가 하나님의 일을 할 때 세상적인 열심만으로 감당했다면, 입술로만 아버지를 부르면서 일해 왔다면, 그 자리에서 돌아서게 하옵소서. 불쌍히 여겨 주옵소서. 주위의 소외되고 병들고 배고픈 이들에게 더 많은 관심을 두지 못했던 우리를 긍휼히 여겨 주옵소서.

우리가 사탄의 도전이 올 때 대항해서 싸울 수 있는 믿음을 주옵소서. 주님의 뜻을 이루기 위해 만나는 고통이라면 기꺼이 인내하게 하옵소서. 그동안 안락함에 젖어 있던 그 자리에서 과감히 떠날 수 있는 용기를 더해주옵소서.

주님이 세우신 교회가 세속화되어 가면서 교회의 한계를 드러내고 있습니다. 이대로 계속 갈 수 없음을 고백합니다. 초대 교회처럼 갱신과 일치와 연합을 이루게 하셔서 교회의 본질적 기능을 회복할 수 있게 도우소서. 한국 교회가 진정한 신앙공동체의 본질을 붙들고 일어나게 하옵소서. 어떤 위기에서도 흔들리지 않는 믿음 주시옵소서.

이 시간 저희 심령에 찾아오셔서 하나님의 임재를 체험하도록 은혜를 주옵소서.

부족한 우리를 사랑해 주시는 예수 그리스도의 이름으로 기도합니다. 아멘.

2013. 8. 20.
제18차 교회갱신협의회 영성수련회

너의 성숙함을 나타나게 하라

제23차 교회갱신협의회의 영성수련회를 허락하심을 감사합니다.

8월의 무더위 속에서도 은혜를 사모하여 모인 동역자들을 만나 예배하게 하시니 감사합니다. 자신을 먼저 돌아보며 교회와 교단의 개혁을 고민하는 수련회 되게 하옵소서. 모든 목회자에게 다시 한 번 새 힘을 주옵소서.

'너의 성숙함을 나타내라'(딤전 4:15)라는 표어 아래, 시간마다 말씀으로 새로운 능력을 체험하게 하옵소서. 새벽기도, 저녁기도회, 주제특강, 문화공연, 교제의 시간을 통해 누적된 목양의 피곤함을 풀어내고 하늘로부터 내리는 은혜로 채워주옵소서.

사역자이기 전에 한 성도로서 영성 회복의 시간이 되게 하옵소서. 진정한 예배와 말씀과 기도, 성령의 사람으로 날마다 성숙하게 하옵소서. 선후배 간의 모임을 통해 목회의 풍부한 경험을 배우고 목회의 본질을 고민하는 시간이 되게 하옵소서.

사회의 변화 속에서 설교의 언어와 논리와 깊이가 더욱 풍성해지도록 성령의 은혜와 영적 지혜를 더하여 주옵소서. 소망을 잃어가는 다음 세대를 교육하게 하옵소서. 미래의 지도자들을 양육하여 견고한 믿음의 나라로 세워가게 하옵소서.

교단의 정체성인 총신의 정상화가 이루어지지 않은 것은 우리 모두의 잘못임을 애통하며 회개합니다. 하나님께서 각 사역자에게 나누어 주신대로, 행하라고 하신 명령을 지켜나가도록 은혜 주옵소서. 묵묵히 주어진 사역에 최선을 다하며 건강한 교회를 이루어 가도록 모든 필요를 채워주옵소서.

우리를 죄에서 구원해 주신 예수 그리스도의 이름으로 기도합니다. 아멘.

2018. 8. 20

23차 교회갱신협의회 영성수련회

예수의 흔적을 갖게 하소서

좋으신 하나님.

올해로 제24차 교회갱신협의회의 영성수련회를 허락하시니 감사합니다. 무더운 8월 바쁜 목회일정 중에서 은혜를 사모하는 종들이 이 자리에 모였습니다. 교회갱신협의회 수련회는 고 옥한흠 목사님의 '한국 교회의 개혁과 갱신을 위한 목회자협의회'로서의 뜻을 주님의 은혜 가운데 지금까지 이어오고 있습니다.

목회자의 의식개혁이 없이는 교회가 갱신되지 못합니다. 목회자가 먼저 주님의 제자가 되고 진정한 예배자로 바로 설 수 있도록 말씀과 성령의 능력 주시기를 원합니다. 부르심에 반응했던 처음의 열정과 감동을 회복하게 하셔서, 혼탁한 시대 가운데서 사명을 성취하는 영적 리더로 쓰임 받게 하옵소서.

주님께서 맡기신 양떼들을 마음에 품고, 그들을 말씀의 초장과 쉴만한 물가로 인도하지 못했음을 고백합니다. 긍휼히 여겨 주옵소서. 낙심과 고통 가운데 있는 성도들에게 소망을 줄 수 있는 교회, 병약하고 소외된 이웃들에게 사랑을 줄 수 있는 교회, 은혜의 사각지대에서 영적 소외와 갈급함을 느끼는 영혼에 주님의 사랑으로 다시 일어설 수 있게 용기와 소망을 주는 교회가 되게 하옵소서. 교단과 총회를 통해 한국 교회가 거룩해지고, 총신대의 안정과 다음 세대를 이어갈 준비된 목회자들을 많이 보내주시기 원합니다.

'예수의 흔적을 갖게 하소서'(갈 6:17)라는 주제 아래 깊이 기도하게 하시고, 예배하는 시간마다 부어 주시는 은혜로 우리의 잔이 넘치게 하옵소서. 세계 여러 곳에서 박해로 고통당하는 성도들을 보호하시고, 세계 열방의 선교지마다 생명구원의 역사가 줄지어 일어나게 하옵소서. 이곳에 머무는 동안 동역자들과의 교제를 통해서 쉼과 회복이 있는 수련회가 되도록 인도하여 주시길 소원합니다.

수련회를 주관하시는 예수 그리스도의 이름으로 기도합니다. 아멘.

2019. 8. 19
24차 교회갱신협의회 영성수련회

사랑하는 하나님 아버지

1996년도에 창립된 교회갱신협의회가 교회의 일치 운동, 갱신 운동, 수련회 등 다양한 섬김 사역을 추진해 온 지 10년째를 맞이합니다. 지금까지 인도하신 것, 하나님께 영광과 찬미를 드립니다.

하나님이 창조하신 대자연의 아름다움과 쾌적한 환경 속에서 오늘도 심장의 박동 소리를 들으며, 하나님에 대한 뜨거운 사랑과 소명을 다시 한 번 확인하게 하심을 감사합니다. 목양의 일상을 잠깐 벗어나 그동안 지친 육신과 갈급한 영혼을 풍성히 채워주시기를 바라며, 주님이 이미 아시고 이곳에 불러 모아 주심을 기뻐합니다.

그동안 전 세계가 괄목할 만한 선교 부흥의 역사를 우리 한국 교회에 허락하셨습니다. 그러나 한국 교회의 몇몇 슬픈 이야기들이 우리의 마음을 짓누르며 아프게 합니다. 교단이 또한 풀어야만 할 여러 가지 현안들을 안고 있습니다. 한마음으로 기도할 때이며 하나님의 긍휼하심이 그 어느 때보다 필요합니다.

오늘날 수없이 쏟아져 나오는 설교는 마치 율법주의를 닮아가는 종교인으로서 만족하고 있는 듯합니다. 인간의 머리에서 나온 지식이 하나님 말씀을 희석하고 있습니다. 하나님의 말씀을 좇기보다 세상 풍조를 따라가는 우리의 아둔함을 불쌍히 여겨 주옵소서.

인간의 죄성으로 인해 삶의 변화에 무력하기 그지없습니다. 생명력 있고 운동력 있는 하나님의 말씀만이 이 시대의 영적인 목마름을 해갈시켜 줄 수 있습니다. 이 암울한 시대의 대안은 오직 코람데오의 정신으로 돌아가는 것입니다. 우리는 세상의 부와 명예를 분토와 같이 버리고 하나님의 부르심에 기꺼이 응답하였습니다. 한 알의 밀알이 되기를 서원하여 헌신하는 목사님들의 일생을 하나님 품에 품어 주시기를 소원합니다.

오늘 설교특강을 통해 우리의 중심에 성령의 불을 내려 주셔서, 영적 통찰력을 얻고 돌아가는 발걸음이 되게 하여 주옵소서. 하나님의 말씀을 붙들고 다시 일어서서 그리스도인의 참 제자들을 양육할 수 있는 영적 리더십을 주옵소서. 옥한흠 목사님을 비롯하여 임원들과, 스텝들, 그리고 보이지 않는 곳에서 주님의 손과 발이 되어준 모든 분의 섬김에 복 주옵소서. 내 힘만 의지할 땐 패할 수밖에 없다는 루터의 고백처럼, 하나님의 임재 속에 확실한 응답을 붙잡게 하옵소서. 강의하실 OOO 목사님을 성령으로 붙들어 주시기를 바랍니다.

늘 우리를 사랑하시는 예수 그리스도의 이름으로 기도합니다. 아멘.

2005. 8. 3.
교회갱신협의회 창립 10주년 설교특강

주님의 손과 발이 되어

사랑의 하나님 아버지!

2003년도 9월에 총체적 복음사역연구소를 설립하시고 한국 교회가 복음 사역과 사회적 책임을 다하게 하심을 감사합니다. 2007년부터 동작, 관악, 서초지역의 교회가 연합하여 지역의 어려운 이웃들을 섬기기 위해 사랑 나눔 기독협의회가 조직되었습니다. 이 세상을 향해 교회의 참된 연합의 모습을 보이게 하심을 감사합니다.

특히 2018년 5월 3일~4일 양일간 '이웃사랑 나눔 바자회'를 열 계획입니다. 또 4일 금요일에는 '지역 어르신 섬김의 날'을 위해 홍보하면서 준비했습니다. 좋은 날씨를 주옵소서. 그동안 본 협의회는 소년·소녀가장 돕기, 지역아동센터(공부방), 소외된 어르신들에게 쌀과 김장 나눔 행사 및 이웃사랑 나눔 바자회, 자원봉사자 교육 등을 펼쳐왔습니다. 주님의 손과 발이 되는 일에 주저함 없이 나선 자녀들의 헌신을 기쁘게 받아주옵소서.

예수님이 세상에 계실 때 병들고, 가난하고 소외된 자들을 찾아가셔서 고쳐주시고 배고픈 자들을 먹이셨습니다. 그들의 영혼 구원까지 주신 것을 우리는 기억합니다. 신체적으로, 경제적으로, 정신적으로 자신의 일상생활을 해 나가기 어려운 저소득층이나, 자녀가 있지만 찾아오지 않고 복지의 사각지대에서 울고 있는 독거 어르신들을 사랑하며 섬기는 데 책임을 다할 수 있도록 통로를 열어주옵소서.

"너희에게 이르노니 너희가 여기 내 형제 중에 지극히 작은 자 하나에게 한 것이 곧 내게 한 것이라"(마 25:40)라는 말씀을 따라 살게 하옵소서. 바자회를 통해 믿지 않는 사람들에게 교회의 좋은 모습을 보이도록 하셔서 하나님께로 나아올 수 있도록 은혜를 주옵소서.

우리를 죄에서 구원해 주신 예수님의 이름으로 기도합니다. 아멘.

2018. 5. 4.

이웃사랑 나눔 바자회

모든 민족이 구원을 얻기까지

모든 민족이 구원을 얻기까지 쉬지 않고 일하시는 하나님 아버지!

총체적 복음사역연구소가 지난 5월 지역 이웃사랑 나눔 바자회를 은혜 가운데 마쳤습니다. 오늘은 교회 연합 찬양예배로 하나님께 영광을 올립니다. 이곳 주님의 이름으로 세우신 동광교회에서 강남, 대한, 동과, 상원, 은천, 장성, 총신대학교회들과 권사 선교합창단들이 참석했습니다.

높고 높은 하늘 보좌를 버리시고 낮고 천한 이 땅, 아무도 환영하지 않는 누추한 말구유에 오신 예수님! 죄 중에 절망하며 죽어가는 생명을 구원하는 일을 감당키 위해 오신 주 예수님의 성탄을 찬양합니다.

"우리는 다 양 같아서 그릇 행하여 각기 제 길로 갔거늘 여호와께서는 우리 모든 죄악을 그에게 담당시키셨도다."(사 53:62)

1. 너희는 먼저 사랑하라	10. 주님을 따르면
2. 주 찬양하여라	11. 일어나라 목자들아

3. 주 날 인도하시네

4. 수고하고 무거운 짐 진 자들아

5. 찬양의 심포니

6. 기쁘다 구주 오셨네

7. 주님 나라 임하게 하소서

8. 용서하라

9. 주의 모든 일에 감사하며

12. 예수 이름으로

13. 주 이름 찬양해

14. 찬양, 그 영광을

15. Pride, Fly, Bye

16. 성령이여 오소서

17. 은혜 아니면

이상의 17곡을 교회마다 찬양을 올리게 되었습니다. 오직 우리의 소망은 하나님께만 있음을 다시 한 번 되새기는 이 시간을 더욱 복되게 하옵소서.

우리는 지금 위기에 대한 대처능력을 잃었습니다. 무력감과 좌절감으로 주저앉지 말게 하시고 하나님의 선하신 손을 잡고 다시 일어나게 하옵소서. 이 시간 찬양하는 자들과 듣는 자가 모든 성령 충만함 속에 위로받고 하나님의 임재를 느끼는 찬양 예배가 되게 하옵소서.

유일한 구원자 예수 그리스도의 이름으로 기도합니다. 아멘.

총체적 이웃사랑 나눔 찬양제

5

사회와 인류를 위한 기도

북한 동포들에게 복음을

지구촌 하나님의 백성들을 돌보소서

지구가 죽어갑니다

N포 세대여 일어나라

사회와 인류를 위한 기도

북한 동포들에게 복음을

전 세계 역사를 주관하시며 온 인류가 하나님께 돌아오기를 쉬지 않고 기다리시는 하나님 아버지!

우리의 동족인 북한을 위해 기도합니다. 분단된 지 75년째를 맞고 있는 우리나라 대한민국을 불쌍히 여겨 주옵소서.

1949년부터 북한은 탁아소와 유치원을 세우고 아이들에게 '김일성 아버지'로 부르게 하면서 가족의 정체성이 무너졌습니다. 1990년 '고난의 행군' 후에 경제난이 심해지자 동북지역 농촌과 빈곤 지역의 농민들, 장애인들, 무직자들이 중국으로 넘어갔고, 그곳에서 성매매로 넘겨지거나 재혼(회령 국경지역) 주선 등으로 탈북 후 이들의 전통적인 결혼이 깨지고 있습니다. 탈북 여성들이 압도적으로 늘어나고 있는 현실입니다. 12만 명의(오픈도어 2019.12) 정치범 수용소에서는 인권 탄압으로 죽어가고 있습니다. 노인과 어린 자녀들까지 극심한 고통 속에서 신음하며 부르짖고 있습니다.

북한 지하교회와 교인들이 보호받게 하시고 탈북한 가정에 복음의 빛을 비춰 주시고 생명을 지켜 주옵소서. 북한의 탈출한 노동자들이 말씀으로 변화되어 그들이 북한에 역으로 선교하도록 길을 열어주옵소서. 믿음을 지키며 기도하는 성도들의 울부짖는 기도 소리를 들으시고, 그들의 아픔과 눈물을 닦아 주시고, 기쁨으로 웃는 날을 속히 허락하여 주옵소서. 진리 안에서 참 자유를 누리는 구원의 날을 앞당겨 주시기를 간절히 구하옵니다.

우리나라를 온전히 구원하실 예수 그리스도의 이름으로 기도합니다. 아멘.

2019. 6.

지구촌 하나님의 백성들을 돌보소서

"만군의 여호와가 말하노라 스알디엘의 아들 내 종 스룹바벨아 여호와가 말하노라 그날에 내가 너를 세우고 너를 인장으로 삼으리니 이는 내가 너를 택하였음이라 만군의 여호와의 말이니라 하시니라."(학2:23)

하나님 아버지!

온 세상이 하나님의 섭리 안에서 살아가고 있습니다. 이 세상을 구원하시기 위해 당신의 아들 독생자 예수 그리스도를 보내주신 은혜를 감사합니다.

하나님은 우리에게 아름다운 가정을 허락하셨습니다. 또 하나님께서 선물로 주신 자녀들로 인해 우리는 행복합니다. 우리의 자녀들을 양육하면서 우리를 자녀 삼아주신 하나님의 은혜에 더욱 감격하게 됩니다.

그러나 우리는 아버지께서 보내주신 이 소중한 자녀들을 믿음으로 양육하기보다는 공부에 우선순위를 두었습니다. 우리 아이들을 자꾸만 경쟁 사회로 내몰며, 결과적으로 이 아이들에게 비교 의식과 질투심을 먼저 심어주고 말았습니다.

이 모든 문제는 우리 부모들이 말씀대로 살지 못한 결과임을 고백하고 회개합니다. 우리의 헛된 욕심들을 책망하시되 내치진 말아주옵소서. 저희의 잘못을 용서해 주시고, 바르게 양육하는 가정과 교회가 되도록 지혜와 대안을 주옵소서. 건강한 사회가 되도록 교육정책이 바르게 세워지게 하옵소서. 참된 그리스도인의 정체성을 되찾고 어두운 문화에 동화되지 않도록 우리의 자녀들을 눈동자같이 지켜 주옵소서.

특별히 우리나라는 일본의 압제와 6.25 전쟁 속에서도 복음을 통해 구원받고 살 소망을 얻었습니다. 이제는 대한민국이 선교 한국의 소명을 잘 감당하고 받은 사랑을 나눠주는 나라가 되게 하옵소서.

세계 도처에서는 전쟁과 질병, 자연재해로 1,700만에 달하는 사람들이 허덕이며 죽어가고 있습니다. 난민들이 삶의 터전을 찾아 떠났지만 환영받지 못하고 박해와 차별 가운데 고통을 받고 있습니다. 버려진 고아들과 힘없는 어린아이들 그리고 생계가 막막한 여성들…. 나약하며 아무런 희망도 없는 그들에게 먹을 것과 정착지를 허락해 주옵소서.

중동의 어린이들과 청소년을 위한 사역, 아프리카의 여성과 라틴아메리카의 난민들을 위한 치유 사역, 중앙아시아의 제자훈련

사역을 진행시켜 주옵소서. 고난 받는 지구촌 교회와 성도들, 복음 때문에 계속되는 이슬람의 박해와 압박받는 믿음의 사람들을 생명의 위험에서 건져주시고, 영·육 간 생명의 양식을 공급받게 하옵소서.

모든 지구촌 사람들에게 바이러스(코로나19) 전염병이 더 이상 확산되지 않도록 보호해 주시기를 바랍니다. 타산하거나 계산하지 않고 하나님 백성의 필요를 채울 수 있도록 우리에게 믿음의 결단을 내리게 해주시옵소서.

보혈의 능력으로 치료해 주시는 예수 그리스도의 이름으로 기도합니다. 아멘.

2020. 5.

지구가 죽어갑니다

"하나님이 그들에게 복을 주시며 하나님이 그들에게 정복하라, 바다의 물고기와 하늘의 새와 땅에 움직이는 모든 생명을 다스리라."(창 1:28)

온 우주 만물을 창조하시고 사람을 창조하신 후 심히 좋았다고 하신 하나님!

아름다운 자연환경 속에서 땅의 채소, 과일들, 바다의 물고기들, 모든 생물을 우리의 일용할 양식으로 제공하셨습니다. 하나님의 전능함과 신비로움을 누리게 하신 복을 감사합니다.

그러나 인간의 죄성은 선악과로 범죄하고, 에덴에서 쫓겨나고도 바벨탑을 쌓는 교만의 죄를 지었습니다. 우리는 맡겨주신 자연을 다스리기는커녕 환경오염의 주범이 되었습니다. 편리만을 위해 사용하는 비닐과 플라스틱, 화학성 물질들로 지구는 쓰레기 속에 오염되었습니다. 이산화탄소 증가로 지구의 온난화로 북극곰이 살 곳이 없다고 했지만, 이제는 인류가 살 곳이 없어진다고 고민하기에 이르렀습니다.

최근 신종 코로나 바이러스가 확산되어 전 세계가 질병 재난 경보를 발령하였습니다. 우리가 자연을 훼손한 대가가 더 지독한 욕심으로 변질되었고, 드디어 자연이 우리를 벌하려 하고 있습니다.

그러나 우리가 코로나로 고통을 받으며 엎드리는 시간이 되자 오히려 자연은 회복하기 시작했습니다. 그러자 비로소 바이러스는 우리를 두렵게 하는 코로나가 아니라, 바로 우리 인간이라는 자조 섞인 반성과 자책이 나오고 있습니다.

그러나 간절히 바라오니, 속히 백신이 개발되어 더 확산되지 않도록 인류를 보호해 주시옵소서. 우리의 죄악을 용서해 주옵소서.

이와 더불어 쓰레기 줄이기 운동과 이산화탄소 줄이기 운동에 우리 기독교인이 적극적으로 참여해, 하나님이 주신 아름다운 지구를 유지하는 방법을 실천하게 하옵소서. 하나님께서 인간에게 주신 '문화명령'을 반드시 지켜내는 신앙인들의 결단이 있도록 인도하옵소서.

우리의 생명을 살리신 예수님의 이름으로 기도합니다. 아멘.

2019. 10.

N포 세대여 일어나라

사랑하는 하나님 아버지!

대한민국은 하나님의 긍휼하심으로 이 땅에 복음을 주셔서 예수 믿고 구원받는 나라가 되었습니다. 어느 샌가 지도 위에서 점 하나처럼 보이던 우리 대한민국의 젊은이들이 세계를 놀라게 하고 있습니다. 사회·문화·예술·스포츠 등 각 분야에서 우리의 젊은 인재들이 세계의 주목을 받고 있습니다. 이 모든 것이 하나님이 주신 은혜요 복입니다.

그러나 대한민국의 차세대들 가운데 적잖은 청년들 희망을 잃었다고 말합니다. 많은 젊은이들이 사회지도층의 비리와 부패상을 목격하면서 분노하고 있습니다. 가진 자들은 자기들의 부를 자녀들에게 상속하며, 가진 게 없는 사람들은 시작도 하기 전에 불평등에 부딪혀 기회조차 박탈당한 채 아파하고 있습니다.

이제 혼자 노력해서 원하는 것을 얻기란 어려운 시대가 됐다고 한숨 짓는 소리도 들립니다. 배우지 못한 한을 안고 살아온 우리 윗세대와는 달리, 지금의 아이들은 원하기만 하면 얼마든지 배움의 길에 들어설 수 있게 됐습니다. 하지만 대학을 졸업해도 이젠 갈 곳이 없습니다. 더 정직하게 말하면, 우리의 욕심에는 끝이 없어서 남과 비교하며 더 나은 자리에 오르기 위해 몸부림만 칠 뿐, 주어진 현실에 대한 만족도가 낮은 시대가 되지 않았나 싶습니다.

오죽하면 젊은이들 사이에 새로운 유행어가 등장했을까요. 이런 유행어들이 웃프기 보다는 심히 맘을 어둡게 합니다. 3포, 5포, 7포라는 말에 더해져 이제는 N포 세대라는 말이 생겼습니다. N포 세대는 연애, 결혼, 출산, 내 집 마련, 인간관계, 꿈과 희망을 포기한 비혼 세대를 뜻합니다. 하나님이 제정하신 가정은 붕괴되고, 출생자는 급감하고, 사망자는 증가하는 인구 절벽을 걱정하고 있습니다.

예수님의 십자가를 따라가며 가슴을 치며 슬피 우는 여인들에게 "예루살렘의 딸들아, 나를 위하여 울지 말고 너희와 너희 자녀들을 위하여 울라"(눅 23:27)라고 하셨는데, 이제야 그 의미를 알겠습니다. 이렇게 가다간 이제 우리에게는 울 자녀들이 없을지도 모릅니다. 주일학교가 점점 줄어가고 있으니, 믿음의 다음 세대가 끊어질까 심히 두렵습니다.

이것은 우리 아이들에게 삶의 표본을 보이지 못한 기성세대들, 특히 신앙인들의 잘못입니다. 제가 잘못했습니다. 모두 우리 탓입니다. 우리가 세상과 다를 바 없이 부귀와 명예와 권력의 우상에 무릎 꿇었기 때문이며, 말씀 위에 바로 서지 못한 탓입니다. 회개합니다. 용서하옵소서. 불쌍히 여기사 주께서 이 나라를 바로 세워주옵소서. 하나님의 주권이 선포되고, 하나님의 정의가 물같이 공의가 마르지 않고, 강 같이 흐르게 하옵소서.

예수님의 이름으로 기도합니다. 아멘.

2020. 1.

가족공동체를 위한
기도와 편지

6

가족공동체를 위한 기도와 편지

결혼하는 날 아침

하나님 아버지, 오늘은 제가 결혼하는 날입니다.

유난히도 추운 이 새벽 첫 기도를 드리기 위해 교회로 왔습니다. 제 맘은 두려움과 설렘으로 안정이 되지 않은 상태입니다. 사방이 깜깜한데 새벽하늘에는 별들만 반짝이고 있습니다. 마치 나를 하나님께서 바라보시면서 "딸아! 괜찮아!" 위로해 주시는 듯합니다.

한 번도 가본 적이 없는 이 길이 사실 두렵습니다. 내 인생 큰 환난의 날, 아버지를 잃었을 때 내 손 잡아주신 사랑의 아버지! 이제 성년이 되어서 결혼을 하게 되었습니다. 진심으로 감사합니다. 갈 바를 알지 못하던 때에 광야에서 이스라엘 민족을 인도하셨듯이, 구름 기둥과 불기둥으로 저를 인도해 주셨습니다.

아무것도 할 수 없던 내게 공부할 수 있는 길을 여셨고, 믿음만을 가지고 걸으라고 늘 재촉하셨습니다. 그리고 하나님은 소리 없이 제 일들을 모두 다 해결해 주셨습니다. 결혼한다고 준비한 것은 아무것도 없습니다. 과거 환난 날에 내 손을 잡아주셨던 것처럼, 하나님께서 우리 두 사람과 동행하여 주옵소서. 말씀의 등으로 앞길을 환히 비춰 주옵소서.

우리 부부가 양가의 부모님께 효도하게 하소서. 하나님이 우리 가정을 통해 하나님의 뜻을 이루게 하시며 맡은 소명을 잘 감당하는 선한 청지기가 되기를 소원합니다. 교회 공동체에 하나님의 영광을 드러내는 가정이 되도록 인도하여 주옵소서. 오늘이 있기까지 양육해 주신 하나님의 은혜에 보답하는 가정이 되도록 은혜 주옵소서.

추운 날 서소문교회까지 오셔서 주례해 주실 담임목사님, 축가를 부를 동생과 친구들, 양가 가족들과 친척 및 친지들, 성도님들까지 그들의 발걸음에 복을 더하여 주시고, 모든 순서가 실수 없이 진행되도록 부탁드립니다.

새로 꾸밀 우리 가정의 주인 되시는 예수님의 이름으로 기도합니다. 아멘.

1969. 12. 27.

기다림의 끝에서

12월 새벽이슬 예배에서 받은 '기다림의 끝에서'라는 주제의 말씀은 은퇴를 앞에 두고 있는 나를 위한 말씀으로 다가왔습니다. 하나님은 나를 어떻게 사랑하셨는가에 대해서 깊이 생각해 보는 기회가 되었습니다. 은퇴하는 이 시간 강남교회에서 받은 복을 나누고 싶습니다.

첫째, 저희 아버지의 친구 되시는 고 김재술 목사님과 고 김모형 장로님께서는 저를 딸처럼 사랑해 주셨고 저의 멘토가 되어 주셨습니다.

둘째. 판잣집과 같은 옛날 강남교회는 늘 엄마의 품처럼 좋은 일이 있을 때나, 울고 싶을 때 언제나 나를 반겨 주었습니다. 울다 지쳐서 엎드려 있는 것이 태반이었지만, 목사님은 제가 믿음이 좋은 줄로 아시고 신학을 하라는 얘기도 하셨습니다.

셋째. 나의 좋은 남편 박기선 장로를 만나게 하셨고, 두 아들과 행복한 가정을 주셨습니다.

넷째. 강남교회에서 '봉사의 어머니'로 불리신 친정어머니 김수련 권사님과 '기도의 어머니'이신 시어머니 강화실 권사님, 오늘 은퇴하는 저의 뒤를 이어갈 동생 이신애 권사를 가족으로 주신 은혜를 허락하셨습니다.

다섯째, 하나님께서는 한 치 앞도 내다보지 못했던, 심한 영적 장애를 가진 아둔하고 연약한 저를 양육하셔서 70세가 되도록 건강하게 은퇴의 자리에까지 데려다주셨습니다.

하나님께 감사밖에는 드릴 것이 없습니다. 매일 교회에서 함께 웃고 울며 교제를 나누던 친밀한 강남의 성도들이 바로 내 가족이었습니다. 저희 가정에 기쁜 일이 있을 때마다 다 같이 축하해 주었고, 병약해서 수술의 위기에 있을 때에도 한걸음에 달려와 기도해 주었습니다. 그동안 함께 해주신 그 우정과 사랑에 감사합니다. 혹시라도 제 불찰과 부덕함으로 인해 상처를 준 이들이 있다면 용서를 빕니다.

은퇴는 또 다른 시작이라고 생각합니다. 교회사역을 한다는 핑계로 가장 가까운 남편·자녀·형제·친지에게 더 많은 시간을 쏟지 못했는데, 사역을 통해 잃어버린 점수를 만회할 기회를 주셔서 감사합니다. 그리고 내게 죽음을 준비하는 시간이 남겨져 있어서 정말 다행입니다.

아직도 가야 할 길이 남아있지만 나 혼자가 아니기에 든든합니다. 어느 시인의 말처럼 잘 익은 과일이 되어 주님의 손안에 떨어지고 싶습니다.

모든 영광을 하나님께 올리며 예수님의 이름으로 기도합니다.
아멘.

2014. 12. 14.

이설애 권사 은퇴의 날

하나님을 행복하게 하는 사람들

하나님 감사합니다.

'하나님을 기뻐하라'고 존 파이퍼가 그의 책에서 말한 것처럼 하나님 안에서 행복을 누리는 법에 대해서 말한다면, 바로 어제 저녁 하나님을 찬양하는 장로님들의 모습이라는 생각이 듭니다. 찬양을 듣고 모든 성도가 참 행복한 시간이었습니다. 98명 장로님들의 신앙고백 같은 찬양을 통해 하나님을 아는 즐거움에 대해서 더 많이 알게 되었습니다.

우리나라의 정치, 경제, 사회 전반에 걸친 걱정의 먹구름을 걷어 내고, 우리의 가난한 심령과 얼어붙었던 내면을 따뜻하게 녹여 주는 찬양의 소리는 회복과 치유의 목소리였습니다. 세상에선 우리의 믿음이 모순으로 보이고, 무가치하게 보이며, 감정적으로 취급받아 설명할 수 없이 답답할 때, 그 상황을 은혜로 해석하여 들려주시는 하나님의 선포에 압도되고 말았습니다.

제10회 코랄카리스 연주회의 장점은 건국대학교 새천년관 홀의 크기가 적당해서 공명도 잘되었고, 매트리스까지 동원되어 입추의 여지없이 둘러선 성도들의 모습이 마치 계시록에 있는 천상의 합창 장면을 떠오르게 했습니다. 또 코랄카리스의 합창은 기존의 은혜 중심의 틀에서 음악적인 기술이 전보다 더 발전된 훌륭한 연주였습니다. 남성의 멋진 피아니시모의 절제된 소리는 환상적이었습니다. 모든 무대마다 담고 있는 메시지가 좋았고, 독창·사중창·중창 등 인적자원의 풍부함도 자랑할 만했습니다. 함께 찬양했던 '홀트 장애인 아동 합창단'의 찬조 출연은 연주회와 아름다운 조화를 이루었습니다.

이날의 연주는 길 되신 주님이 우리의 목자임을 선포하고, 좋으신 주님을 의지하며 인도하심을 받을 때, 늘 강건케 하실 것을 기대하게 하는 잔치였습니다. 연주회를 앞두고 일어나는 신체의 증상들에 시달리면서도 찬양 암기카드와 씨름하며 수험생처럼 연습하는 단원 장로님들의 모습이 떠올라서 기도를 쉴 수가 없었습니다. 올해 한국 교회의 신뢰도가 0.7% 상승했다는 기독교윤리실천

연합회의 보고가 있었습니다. 코랄카리스의 기여 또한 적지 않을 것이라고 기대해 봅니다. 연주회가 있기까지 수고한 단장님 이하 모든 임원과 단원 장로님들, 지휘자님, 반주자님의 노고에 치하를 보냅니다. 강남교회 고문산 목사님의 기도와 성원에 복 내려 주옵소서.

사랑이 많으신 예수님의 이름으로 기도합니다. 아멘.

2009. 12. 3.

코랄카리스 제10회 정기연주회

선교 후유증

좋으신 하나님!

선교 여행이 끝난 지금까지도 코랄카리스의 찬양은 내 마음속에서 수 없는 은혜의 파장이 일고 있습니다. 2012년 10월 미 서부 지역으로 떠난 선교여행에서 공식적인 찬양 선교지는 멕시코 티화나 유니온교회, 라스베가스 엘림교회, 평안교회, 크랜셔 크리스천센터, LA 미션센터, 샌프라시스코 중앙장로교회 등이었습니다.

멕시칸 선교사들과 눈물로 드린 찬양, 한인 유학생과 한인들을 위해 캠퍼스 선교회 창립축하연주, 흑인교회에서 4시간의 역동적인 예배 체험들, 홈리스들과 드린 아침 찬양, 오랜 이민 생활의 고달 픔을 위로하는 찬양 등 다양한 찬양선교 사역이 기억납니다.

코랄카리스는 노래하는 순례자처럼 매일 묵었던 숙소를 뒤로 하고 떠났습니다. 바울처럼 복음의 메신저로서 사명을 다하기 위해서입니다. 미 동부지역이 문화관광이라면 서부지역은 자연관광이라고 했지요. 그랜드케년과 요새미티 등의 자연 절경을 맛보는 기쁨과 감격을 제일 먼저 창조주 하나님께 찬양을 드렸습니다. 마무리 선교여행의 계획과 일정이 차질이 생겼을 때도 장로님들은 '역시 장로님들이구나'라고 생각될 정도로 성숙한 모습을 보여주었습니다.

사마리아 여인을 직접 찾아가셔서 복음을 전하신 예수님처럼, 어둡고 소외되고 고독하고 슬픈 이들에게 하나님의 사랑을 노래로 표현했습니다. 길 잃고 방황하는 이들에게 길이요 진리요 생명되신 예수 그리스도를 증거했기에, 앞으로 새로운 삶을 가능케 하실 것입니다.

교회의 책임과 의무감으로 노심초사 사역하던 장로님들, 이제 여행만을 즐겨도 충분한데, 권위로 경직되기 쉬운 연령에도 불구하고 삶의 여정 속에 동행하신 하나님에 대한 사랑을 고백하는 모습이 아름다웠습니다. 설교 외의 찬양으로 다양한 은혜를 체험할 수 있었던 시간이었습니다.

은퇴한 이후 남편의 가장 멋진 모습은 코랄카리스 장로찬양단에서 새롭게 발견되었습니다. 노년의 삶을 통합해가는 과정이기도 하지만, 기름부음 받은 주의 종으로서 삶을 찬양 속에서 재인식해 가기 때문에 더욱 그러합니다.

어느 샌가 내 삶이 지지부진할 때, 개인적으로 영적 고갈을 느낄 때면, 어김없이 코랄카리스가 찬양하는 곳에 동행합니다. 개인적인 욕구를 절제하며 지휘자, 반주자와 함께 만들어가는 장로님들의 찬양은 내 깊은 내면을 만져 줍니다.

나는 찬양을 좋아합니다. 그중에서도 특히 합창을 좋아합니다. 1986년에서 1992년까지 YMCA 여성합창단에 합류해 메조 파트로 합창 활동을 한 적이 있습니다. 전공은 못 했지만 늘 합창의 매력에 빠진 저에게, 하나님은 교회여전도회 연합합창단 지휘와 권사선교합창단 단장으로 섬기게 하셨습니다.

마지막 날 샌프란시스코에서의 연주 후 셋째 동생을 만나서 못다 나눈 이야기를 했지요. 모처럼 가족들의 푸근한 사랑과 관심에에워 쌓여 혈연의 끈끈한 정을 나누게 하신 은혜에 감사합니다.

'이 세상 어딜 가든지, 어디서 무얼 하든지, 주는 항상 나와 함께 동행하여주시네.'

2012. 10
코랄카리스 미국 서부지역 선교 여행

결혼 50주년을 맞으며

오늘은 우리 부부가 결혼한 지 50주년이 되는 아주 특별한 날입니다. 서로 다른 환경에서 살아온 남편과 제가 반세기를 함께 해올 수 있었던 것은 온전히 하나님의 은혜이며 복입니다.

갑작스럽게 아버지를 잃고 절망하는 열네 살 어린 나를 품에 안으시고 하나님께서 친히 아버지가 되어 주셨고, 어려운 환경 가운데서도 진학의 길을 열어주셨습니다. 현실이 답답하고 미래가 막연하여 학교에서 돌아오는 길이면 날마다 교회 마룻바닥에 엎드려 눈물을 흘렸습니다. 그때마다 하나님께선 말씀으로 저를 위로해 주셨고, 슬픔과 두려움이 사라지게 해주셨습니다. 병약하여 쓰러진 내게 "예수는 나의 힘이요 내 생명 되시니"라는 찬양을 부를 때, 하나님은 죽음의 골짜기로 내려가는 나를 건져주셨습니다.

결혼을 고민할 때 어머니를 통해 확실한 답을 듣게 하셔서 양가로부터의 가장 귀한 선물인 믿음을 가지고 출발했습니다. 우리에게는 기도의 시어머니, 봉사와 섬김의 친정어머니가 계셨습니다. 딸만 낳은 어머니께 아들을 낳아 첫손자를 안겨드림으로써 효도하게 하신 하나님, 두 아들의 생명이 위급할 때도 하나님께서 살려 주셨습니다. 아들이 성년이 되어 부모와 같은 교회에서 모든 교우의 축복을 받으며 결혼하게 하셨고, 두 손자도 주셨습니다.

어머니의 소원대로 약사가 되었지만, 그곳에서 하나님 없이 방황하는 영혼들을 보게 하셨습니다. 친정 할머님과 고모님의 장례를 치른 후 내게 맡겨주신 영혼들을 하나님의 말씀 위에서 섬기기 위해 신학과 기독교 상담을 공부하게 하셨습니다.

모든 교회 교육기관에서 가르쳤던 어린아이들, 제자훈련생들, 새 가족들, 시니어에 이르기까지 그들의 마음속 깊은 소리를 들어주셨습니다. 그들의 작은 변화에도 눈물 흘리며 기뻐했습니다. 돌이켜 보니, 제가 누린 기쁨과 사랑의 선물이 제 삶에도 변화를 가져왔습니다. 상처로 얼룩진 많은 영혼의 닫힌 마음을 열어주셨고, 그들을 싸매시고 고쳐주셨습니다. 그리고 주의 생명의 빛을 비추셔서 그들이 비전을 보게 하셨습니다. 이것은 하나님께서 저를 통로로 사용해 주신 일들이었습니다. 신실한 믿음으로 교회를 섬기는 남편과 한평생 동역하게 하셨습니다.

"여호와여 내 마음이 교만하지 아니하고 내 눈이 오만하지 아니하오며 내가 큰일과 감당하지 못할 놀라운 일을 하려고 힘쓰지 아니하나이다. 지금부터 영원까지 여호와를 바랄지어다."(시131:1~3)

선한 목자 되신 하나님께서 지난 50년 동안 "내 영혼을 소생시키시고 자기 이름을 위하여 의의 길로 인도 하시는도다"(시23:3)라는 약속의 말씀대로 인도해 주셨습니다. 주님으로 인해 저희에겐 부족함이 없습니다. 하오니 저희 부부가 더욱 주님을 닮아가게 도와주옵소서. 남은 인생길도 자손들에게 믿음의 유산만을 남기고, 오직 주께 붙잡혀 아름다운 생의 갈무리를 할 수 있게 지켜 주시고 동행하여 주옵소서.

나의 영원한 사랑이 되시는 예수님의 이름으로 기도합니다. 아멘.

2019. 12. 27.
50주년 결혼기념일에

리나의 첫돌 감사예배

사랑하는 하나님 아버지!

오늘은 리나가 이 세상에 태어난 지 일 년이 되었습니다. 이 기쁨을 함께 나누고자 양가 조부모님과 친지분들을 모시고 리나의 첫돌맞이 축하의 자리를 마련했습니다. 하나님께서 리나를 태중에 지으시고 첫돌이 되는 오늘까지 이렇게 건강하고 예쁜 모습으로 자라게 해 주신 은혜 진심으로 감사합니다.

리나에게 좋은 부모를 주시고 좋은 환경에서 성장하게 하심도 감사합니다. 어려서부터 세상의 지식보다 하나님의 말씀을 먼저 배우게 하시고, 조부모님과 부모님 그리고 친척으로부터 좋은 관계를 배우게 하셔서, 불신이 가득한 이 세상 속에서 진정 사랑받고 신뢰받는 사람으로 자라게 하옵소서. 이제 부모는 리나에게 인생의 멘토로서 삶의 모델이 되게 하옵소서. 자녀를 위해 좋은 생각. 좋은 말, 좋은 일을 많이 행하여 이웃과 사회에서 귀감이 되며 축복의 통로가 되게 하옵소서.

자녀들은 여호와께서 주신 상급입니다. 우리가 어린아이처럼 되지 않으면 하늘나라에 들어갈 수 없고, 어린아이처럼 자신을 낮추는 사람이 하늘나라에서 가장 높은 사람이라고 성경은 말하고 있습니다.

리나로 하여금 마음이 깨끗하고 순전한 아이가 되게 하시고, 하나님께서 기뻐하시는 인생의 목표를 갖게 하옵소서. 또 자신을 먼저 다스리며 자기 자신을 진정으로 사랑할 줄 아는 자녀가 되게 하소서. 리나의 인생 속에 좋은 일이나 고난과 도전이 올 때 피하지 않고 뛰어넘을 수 있는 용기와 은혜를 주시길 원합니다. 잘못된 것은 바꿀 수 있는 용기를, 바꿀 수 없는 것은 그대로 받아들이는 용기를 주시되, 그 차이 또한 구별할 줄 아는 지혜도 주옵소서. 앞으로 신체적인 성장, 지적인 성장, 사회적인 성장과 아울러 영적인 성장까지 균형 있게 성장하게 하옵소서. 이 시대의 선한 영향력을 끼치는 멋진 인생이 되도록 복 주옵소서.

이제는 우리 주 예수 그리스도의 은혜와 하나님 아버지의 크신 사랑과 성령의 교통하심이 첫돌을 맞이한 리나의 평생을 동행해 주시며, 리나를 위해 기도하는 부모, 조부모, 친척들 위에 영원히 함께하시기를 축복합니다. 아멘.

2014. 2. 27

이신애 권사(동생)의 첫 손녀 첫돌 축하모임

사랑하는 내 친구여

"관제와 같이 벌써 내가 부음이 되고 나의 떠날 날이 가까웠도다. 내가 선한 싸움 싸우고, 나의 달려갈 길을 마치고 믿음을 지켰으니 이제 이후로는 나를 위하여 의의 면류관이 예비 되었으므로 주 곧 의로우신 재판장이 그날에 주실 것과 내게만 아니라 주의 나타나심을 사모하는 모든 자에게니라." (딤후 4:6-8)

마 전도사님은 80여 평생 걸어온 길을 오직 한마음으로 주님만 바라보고 온 힘 다해 여기까지 달려왔습니다. 전도사님은 인생이 힘들고 고난이 겹칠 때, 더욱 주님을 바라보았습니다. 구원의 사랑에 감격하여 여성사역자로 부르심에 지체함 없이 손들고 순종했습니다.

밭에 감춰진 보화를 알고 아낌없이 하나님 나라를 위해 한 목숨 던졌습니다. 세상 사람들은 전도사님을 바보라고 하겠지요. 세상의 부귀와 안일함을 마다한 당신에게 무가치한 인생을 보냈다고 말하는 이도 있겠지요. 그러나 이 땅에서 뿌린 복음의 씨앗은 30배, 60배, 100배의 열매로 하늘에 보고될 것입니다.

이 땅에 사는 동안 주를 위해 흘린 눈물들을 반드시 기억해 주실 것입니다. 영광의 주님이 오실 때 당신의 이름을 부르시고 그

품에 편히 안아 주실 것입니다.

2003년 크리스마스가 다가오는 주님의 계절에 병상에 누워있는 내 사랑하는 친구와 그동안 우리가 함께 해왔던 수많은 추억의 이야기를 나누고 싶습니다. 친구가 얼른 일어나기를 소원합니다. 그래서 환하게 웃는 친구의 얼굴, 그 음성이 너무나 듣고 싶습니다. 친구에게 건네고 싶은 수많은 칭찬과 격려의 메시지가 내 안에 가득한데, 어쩌자고 이렇게 병상에 말없이 누워만 있습니까?

사랑하는 친구의 삶은 순종의 삶, 성결의 삶, 사랑의 삶, 헌신의 삶이었습니다. 참으로 가치 있는 인생을 살았습니다. 친구를 기억하는 모든 사람은 영원히 잊지 못할 것입니다.

사랑하는 친구여! 당신과 우리는 앞서거니 뒤서거니 하늘나라로 갈 것입니다. 바울의 고백이 우리가 나눌 고백이라 생각하니 마음이 조금은 편안해집니다. 선한 싸움을 다 싸운 뒤에 우리에게 주실 의의 면류관을 기대하면서, 설령 친구가 조금 먼저 떠난다 해도 더 이상 울지 않고 보내렵니다. 주님 계시는 저 하늘에는 눈물이 없고, 슬픔도 없다지요. 이다음에 천국에서 다시 만나기를 고대합니다.

예수님의 이름으로 기도합니다. 아멘.

친정아버지의 친구로부터 받은 편지

친애하는 박기선 장로님, 이설애 권사님께!

보내준 신년카드와 편지 반가이 받아 읽었습니다. 창세기(47:9)의 야곱의 고백과 같이, 나그네 길의 험악한 세월을 보냈군요. 그러나 좋은 부모님 슬하에서 귀한 신앙 유산을 받으시고 훌륭한 장로님 만나서 동역함을 아버님·어머님도 기뻐하실 것입니다.

아버지 이건덕 목사님은 훌륭한 분이셨습니다.

네 종류의 목사가 있다지요. 말만 하는 사람, 설명하는 사람, 모범을 보이는 사람, 영감을 불어넣어주는 사람인데, 아버지는 주님의 참된 종이었습니다.

사람이 어디서 살았느냐보다 거기서 무엇을 하며 살았느냐, 얼마나 많이 배웠느냐보다 그 지식으로 무엇을 성취했느냐, 얼마나 오래 살았느냐보다 얼마나 보람 있게 살았느냐, 세상을 떠날 때 무슨 유산을 남겼느냐가 아닌 어떤 신앙 유산을 남겼느냐가 중요합니다. 유형의 물질 유산은 당대도 못가나 신앙 유산은 천대를 간다고 했습니다.

이건덕 목사님은 모든 면에서 아름답고 값지게 사시고 귀한 유산을 자식들뿐만이 아니라, 동료 목회자들과 후진들에게까지 남겨 놓고 가셨습니다. 아버지는 삶이 끝난 것이 아니고 우리들의 본향에 먼저 가신 것이고, 또 훗날에 다시 재회의 날이 있음을 확신합니다.

나의 넷째 수혈 형님도 성결교회에서 6.25 전쟁 때 목회를 하시다가 순교했지요. 지금 천국에서 서로 만나 이야기하고 또 함께 우리를 위해 기도하고 계실 것입니다. 뽀멘 박사는 '산다는 것은 꿈꾸는 것, 죽는다는 것은 긴 꿈에서 깨어나는 것'이라고 했습니다. 부디 밝아온 새해에 모두 영과 육이 건강하시고 발전과 성취하는 복된 해가 되기를 기도합니다.

2006. 1. 5.

월드미션대학교 총장 임동선 목사 드림

(美 LA동양선교 교회 목사)

*임동선 목사님은 2004.12.24. 친정어머니의 장례를 집전해주신 아버지의 친구 목사입니다.

수능을 치르는 태주에게

"오직 주께서 나를 모태에서 나오게 하시고 내 어머니의 젖을 먹을 때에 의지하게 하셨나이다. 내가 날 때부터 주께 맡긴 바 되었고 모태에서 나올 때부터 주는 나의 하나님이 되셨나이다."(시 22:9~10)

"여호와는 네게 복을 주시고 너를 지키시기를 원하며 여호와는 그의 얼굴을 네게 비추사 은혜 베푸시기를 원하며 여호와는 그 얼굴을 네게로 향하여 드사 평강 주시기를 원하노라."(민 6:24~26)

"우리 자녀가 약할 때 자기를 분별하는 힘과 두려울 때 자신을 잃지 않는 용기를 가지고, 정직한 패배에 부끄러워하지 않고, 승리에 겸손하고 온유할 수 있는 사람이 되게 하소서. 그의 마음을 깨끗이 하시고, 목표는 높게 하시고, 남을 다스리기 전에 자신을 다스리게 하시며 미래를 지향하는 동시에 과거를 잊지 않게 하소서."(더글러스 맥아더)

"기도하는 자녀는 결코 망하지 않고, 기도를 통해 성장한 자녀는 결코 망하는 법이 없다. 기도는 우리의 무능함과 하나님의 전능함을 연결하는 이음줄이다."(앤드류 머리)

사랑하는 태주야, 수능 준비하느라 애쓰는구나.

벌써 11월의 중순을 가리키네. 초등학교, 중학교, 고등학교 십이 년을 열심히 공부해 왔는데 머릿속은 진공상태 같으니 더 조급해지리라 생각한다. 이제는 숨 고르기가 필요할 듯하다. 깊이 숨을 쉬어 보렴. 자신에 대한 기대와 소원도, 부모의 기대에 대한 부담도, 그로 인한 스트레스도 모두 내려놓으면 좋겠구나.

지금은 세상이 주는 평안이 아닌, 주님이 주시는 평안이 네게 임하길 기도한다. 그동안 입시 준비를 착실히 할 수 있게 해주신 것에 감사하며, 우리 같이 기도하자. 하나님이 태주에게 주신 재능과 적성에 맞는 길로 인도해주실 것을 이 작은할머니는 믿는다. 신체적으로나 영적인 건강을 유지하고 환경에 영향을 받지 않게 해달라고 기도하마. 좌절과 낙심을 미리 당겨서 하지 말거라. 우리의 계획과 하나님이 인도하시는 길은 다를 수도 있다. 결과에 늘 감사하며, 충분한 휴식과 숙면을 유지하길 바란다.

2019. 11. 6.

작은할머니가

큰아들이 결혼하는 날에

아름답고 풍성한 늦가을 하나님의 사랑 안에서 믿음으로 성장한 아들이 결혼하게 되었습니다. 약속대로 주신 첫아들 감사합니다.

돌날, 반지 때문에 숨을 쉬지 못하던 순간에도 살려 주신 아버지!

욕심 많은 엄마는 아들이 입학하자 친구들을 모아 무료 과외를 시작했습니다. 과외선생도 못 믿어 내가 가르쳤습니다. 내 아들을 전교 1등 시킬 목적으로 했지만, 결과는 2등이라 실망했던 초보 엄마였지요. 그러나 보이스카웃 대장이 되었을 때 다른 아이들과 동생을 유난히 잘 챙기고 동생의 탈장 방지를 위해 보호대를 챙겨 주는 등 큰아들은 책임감 있고 예의 바르다고 어디서나 칭찬을 듣게 해 주셨습니다.

대학 입시 때 암기를 싫어해서 걱정했던 아들이 대학에서 4년 장학금을 받아 부모를 기쁘게 했습니다. 군에 가던 날도 위험한 곳에 떠나보내는 엄마의 애간장 끊어지는 깊은 한숨 소리를 들으시고, '염려를 다 맡겨라 주가 돌보시니'라며 믿음 없는 저를 위로해 주셨습니다.

입대 후 첫 예배 때 아들은 비상금의 절반을 헌금했다는 편지를 보냈습니다. 아들에게 믿음을 주신 하나님께 감사했습니다.

대학원 입학한 후 선을 보겠다던 아들의 침대에서 떨어진 사진 한 장, 알고 보니 중등부 교사일 때 가르쳤던 조용한 여학생이었습니다. 찬양대에서 커피를 봉사하는 집사님들을 늘 돕고, 예배가 끝난 후면 가운과 피스를 정리하는 모습을 보고 좋아졌다는 아들의 안목에 감사합니다. 우리 부부도 교회에서 만났는데 아들도 교회 찬양대에서 만나게 하심을 감사합니다. 우리 부부는 찬성입니다. 하나님도 찬성하시죠.

추수감사절로 지키는 11월, 큰아들이 같은 교회에서 성장한 자매를 만나서 '두란노 결혼예비학교'를 수료했습니다. 양가 부모와 친척들과 친지들, 성도를 앞에서 부모가 주례 받았던 원로목사님의 축복 기도를 받으면서 결혼합니다. 특히 미국에서 외할머니와 이모들이 참석했습니다.

오늘이 있기까지 믿음으로 양육해 주신 하나님과 사람들에게 칭찬받는 믿음의 가정되도록 복 주옵소서.

1999. 11. 13. 오후 2시

사랑하는 하나님 아버지!

큰손자 현성이 터키 선교훈련에서 하나님을 만나게 하소서.

'Frontier Teens 터키(TurKey)' 11기 훈련에 참가한 박현성, 박준규, 김석진, 이은행, 서하은, 이노아 남학생 6명과 김경선(교사), 임경현(교역자)이 오늘(1월 28일) 인천공항을 출국해 모스크바로 갑니다. 무사히 모스크바에 도착하게 하옵소서.

29일엔 이스탄불로 이동하여 오리엔테이션과 함께 이스탄불 도시 탐방이 있습니다. 초대 교회의 유적들을 연구하고 방문할 때 성령의 감동하심과 깨달음이 있도록 하옵소서. 이스탄불 그로잉 트리 처치(Growing Tree church)를 방문하고 현지 전도 사역이 있습니다. 선교사님들과 터키 신앙공동체에 큰 격려와 위로의 시간이 되도록 은혜를 주옵소서. 30~31일에는 갑바도기야로 갔다가 콘야로 이동합니다. 2/1~8 콘야 현지 교회 예배 참석과 콘야 도시를 탐방

하면서 현지인을 초청해 사역을 하게 됩니다. 콘야 지방도시 탐방 사역을 할 때 팀의 복음전도 사역을 통해 성령께서 영혼을 구원해 주옵소서. 2/9~11 이스탄불 사역(길거리 공연, 친구 집 방문, 친구와 저녁 식사) 후 모스크바로 이동해 2월 12일에 인천공항에 도착할 예정입니다.

밟는 땅마다 성령의 바람이 불게 하심을 감사하오며 팀원 전체가 하나님의 살아 계심을 확인하는 체험을 하게 하시니 감사합니다. 모든 팀원의 건강과 안전을 지켜 주셔서 무사히 함께 기도로 지원한 가족들을 만나는 기쁨 주심을 감사드립니다.

할렐루야 아멘.

2019. 2. 12

내 아버지 이건덕 목사님

올해로 아버지 61주기 추모식을 준비하면서 다른 해보다 감회가 새롭습니다.

1958년 9월 26일, 추석 바로 전날 아버지는 하나님의 부르심을 받았습니다. 아버지는 생애 마지막 순간을 공기 좋고 약수가 좋은 곳으로 알려진 충청북도 부강(현 세종특별자치시 부강면 문곡1리 약수터)에 서 사셨습니다.

추석 전날까지 서너 차례 모이다가 나도 동생도 명절날 시댁 모임에 가게 되니 잠시 쉬고 있었습니다. 딸이라서 그런가 싶어 늘 쓸쓸한 마음이었습니다. 그러나 올해는 아버지, 어머니의 추모 식에 순서지를 만들고 '설교'를 준비하면서 흐뭇합니다.

아버지는 함경남도 북청에서 태어나서 소학교(초등학교)를 졸업 한 뒤 어린 나이에 배를 타고 일본으로 유학을 떠났습니다. 방학 을 맞이하여 집에 돌아오시면 고향교회의 주일학교 교사를 하셨 습니다. 고향교회에서 '이성봉 목사님의 부흥회'에 참석한 후 아 버지는 교수의 꿈을 접고 목회자의 길을 걷기로 결심했습니다.

고향교회의 동료 교사와 결혼을 했고, 8.15 해방이 되자 단신으 로 서울로 월남해 연희전문학교 신학과와 서울신학대학교(성결교) 에서 수학하셨습니다. 신학대 재학 중에 전도사로서 충청남도 서 대전 성결교회를 개척하게 되었습니다. 어머니는 1947년 시부모 님과 자녀들을 데리고 월남하셔서 아버지를 도와 개척교회를 섬 겼습니다. 아버지는 목회 사역과 교회 옆에 있던 미국 병참 부대 에서 군목 역할도 하셨습니다. 6.25 전쟁 땐 아버지의 역할로 기차를 부대에서 지원해 주어서 지역 목회자 가족들을 태우고 노래 부르면서 부산으로 피난을 갔습니다.

그러나 정작 아버지는 병든 할머니댁 심방 때문에 배를 타고 목포로 해서 부산으로 오신다고 들었습니다. '아버지를 영 못 보는 것은 아닌가?' 어린 나는 마음이 조여드는 것 같았습니다. 피난 중에 할머니는 부산 국제시장에서 장사하고, 어머니는 뜨개질(하루에 스웨터 하나씩)로 생계를 이어갔습니다.

피난 생활이 끝나자 경상북도 김천 남산동 큰 교회 담임으로 초청을 받았고, 목회와 부흥회를 병행하면서 젊은 목회자 모임을 조직하는 등 의미 있는 활동을 많이 하셨습니다. 아버지가 전국 목회자 설교대회에서 10위 안에 선정되어 책에 실린 것을 본 적이 있었습니다. 아버지는 지식인들이 선호하는 설교를 하셨습니다.

목회도 잘 하셨지만 가정에서도 부모님께 잘하셨고, 우리 딸들에게도 철저한 신앙교육과 예절을 가르치셨습니다. 매일 가정예배를 드리게 하셨고, 제게는 사회를 맡기셨습니다. 설교시간에는 '연속 동화'를 들려주셨습니다. 잘못했을 때는 반성의 시간을 준 뒤에 '반성문'을 써내게 하셨는데, 문장이 틀리면 빨간색으로 표시해서 다시 쓰게 하셨습니다. 헌책을 새 책보다 더 예쁘게 만드는 법, 포스터 그리는 법, 편지봉투 쓰는 법, 정리하는 법도 다 가르쳐 주셨는데, 지금 메모하는 습관과 정리정돈을 잘 할 수 있는 것, 관계를 잘 할 수 있는 것 등은 모두 아버지로부터 물려받은 선물이 아닌가 싶습니다.

외아들인 아버지에게 할머니는 최고급의 침대와 음식과 간식(치즈, 리즈크레커, 건포도 등)을 챙겨 주셨는데, 착한 일을 했을 때는 우리에게도 하나씩 선물로 주시곤 했습니다. 방학 땐 '성경 읽기 대회'를 열어서 많이 읽은 사람에게 상을 주셨고, 달이 밝은 날 저녁에는 교회 마당에서 학예회를 열기도 했습니다. 청소도 구획을 나누어 주셨는데, 검사에서 '잘했다'라는 평가를 받기 어려울 정도였습니다.

명절에는 많은 선물이 광에 가득찼습니다. 아버지는 우리를 소집한 후에 교인 목록을 가져오셔서 가정살림이 어려운 순서대로 물건을 분배해서 딸들에게 심부름을 보냈습니다. 우리는 명절 하루 먹을 것만을 남기고 모두 다 보냈습니다. 아버지는 마음도 멋진 분이셨지만, 키도 크시고 영국신사 같은 고상한 분이셨습니다.

행복한 목회를 하시던 중 유학 때 얻은 지병(폐)으로 인해 마산으로 요양을 떠나야 했습니다. 요양하신 후에 서울의 큰 교회에 가신다고 해서 어머니와 딸 넷은 서울 강남교회에 다니는 친구 고 김모형 장로님께 부탁해서 보냈습니다.

나는 3년 장학금을 받은 중학교에 다녀야 했으므로, 조부모님, 아버지와 함께 남아있었습니다. 달이 밝은 밤이면 아버지는 나를 툇마루로 불러내서 시를 받아 적게 하셨습니다. 그리고 공부 열심히 하라고 아끼던 만년필을 선물로 주셨습니다. 지금도 가끔 아버지가 신학교 졸업한 1950년에 받은 성경책에서 나는 아버지의 필체가 담긴 메모지(설교)를 들여다봅니다. 아버지, 그립습니다. 고모들은 제가 아버지를 제일 많이 닮았다고 합니다.

　　나는 아버지를 목사님으로도 존경했습니다. 아버지는 말씀대로 실행하는 삶을 보여 주셨습니다. 아무리 없어도 찾아보면 다른 사람에게 줄 것이 있다고 하시던 '이웃사랑'을 아버지에게 배웠습니다. 그래서 난 교회가 집보다 익숙하고, 언제나 찬양과 말씀이 있다면 누구와도 교회에서 만납니다. 가장 안전한 곳이 교회입니다. 아버지가 사랑했으며 하나님이 계시는 곳, 그의 사랑하는 백성이 머무는 곳이기 때문입니다.

2019. 12 .23

고 김수련 권사(친정어머니) 천국 환송식을 끝내고

지난 2004.12.25. 오전 10시 45분, 온 세상이 예수 그리스도가 이 땅에 오심을 반기는 그 시간에 하나님께서는 저희 어머니를 부르셨습니다. 인간의 죄 때문에 반드시 겪어야 할 '죽음'이라는 관문을 진통 속에 무사히 통과하셨습니다. 죽음 바로 뒤편에 기다리고 있는 영생의 문을 통해서 소망 중에 들어가셨습니다.

"비록 무화과나무가 무성치 못하며 포도나무에 열매가 없으며 감람나무에 소출이 없으며 외양간에 소가 없을지라도 나는 여호와를 인하여 즐거워하며 나의 구원의 하나님을 인하여 기뻐하리로다."(합 3:17~18)

"나 가나안 복지 귀한 성에 들어가려고 내 중한 짐을 벗어 버렸네 죄 중에 다시 방황할 일 전혀 없으니 저 생명 시냇가에 살겠네 길이 살겠네 나 길이 살겠네 저 생명 시냇가에 살겠네."(찬송가 221장)

어머니가 평소 좋아하시던 말씀과 찬송을 부르는 딸과 사위 손자, 손녀들이 지켜보는 가운데 어머니는 평안한 모습으로 소천하셨습니다. 어머니는 사모, 교회교사, 구역교사, 심방전담 권사, 교회 봉사부장으로, 손이 마를 사이 없이 발이 부르트도록 다니셨습니다.

1958년도에 강남교회에 출석하여 78년 미국으로 이민가시기 전까지, 미국에서는 동양선교교회, 오렌지 한인교회, 크로스로드교회 권사로 봉사하셨습니다. 어머니의 후손으로는 증손자를 포함하여 23명이 있습니다. 미국에서 천국환송예배(입관, 장례, 하관)에 말씀과 기도, 사회로 수고하신 목사님들, 조가를 불러준 교우 여러분들, 한국에서 드린 추모 예배에 수고해 주신 송태근 목사님과 목회자 여러분들, 장로님, 권사님, 안수집사님, 남녀 집사님들이 넘치는 애도를 표해주신 데 대해 큰 위로를 받았습니다. 잠깐 우리는 어머니와 헤어지는 슬픔이 있겠지만, 대신 천국에서는 환영 잔치가 있으리라고 생각합니다.

이제 이 세상에는 저의 부모가 없습니다. 정말 하나님 한 분밖에는 부를 분이 없습니다. 우리에게 남겨진 시간은 천국의 소망과 영생의 복을 기대하면서 하나님께 효도하며 충성하려 합니다. 지속적인 기도를 부탁드리면서 말할 수 없는 은혜를 허락하심에 감사합니다.

2005. 1. 12

맏딸 이설애

슬로보핫의 다섯 딸처럼

　사랑하는 하나님 아버지!

　우리는 고 이건덕 목사의 다섯 딸들입니다. 이스라엘 백성들이
출애굽한 후 시내산에서 율법을 받고 가나안에 들어가기 전에 두
번째 인구 조사를 했습니다. 각 지파마다 기업(땅)을 분배할 때에
요셉의 아들 므낫세의 현손인 슬로보핫은 아들이 없어서 기업을
받지 못하게 되었습니다. 유대 율법은 아들에게만 기업을 주던 때
였습니다. 이때 슬로보핫의 딸들은 '우리에게 기업을 달라'고 요
구했습니다. 하나님께서 옳다고 판결하시고 상속법으로 특별법을
제정하였습니다. 슬로보핫의 딸들은 기업을 받지 못한다는 것은
하나님과의 관계가 끊어짐을 깨닫고 아버지의 기업을 분배받길
원했습니다. 그들이 원하는 대로 하나님께 기업을 얻었습니다.

　우리도 딸들이지만, 아버지의 하늘나라 기업을 이어가기 위해
모두 서원을 했습니다. 사회에서는 약사·간호사·공인의료통역

사·유치원 원장으로 섬겨왔지만, 하나님의 교회에서는 목사(3명)로, 교회 반주와 어린이 사역자(1명)로, 성경 교사(1명)로, 각자 받은 달란트대로 부르심에 응했습니다.

이다음 천국에서 아버지를 만난다면 아버지의 유업을 저희 딸들이 용케 잘 이어왔다고 전해드리고 싶습니다.

"주의 궁전에서의 한 날이 다른 곳에서의 천 날보다 나은 즉 악인의 장막에 사는 것보다 내 하나님의 성전 문지기로 있는 것이 좋사오니"(시 84:10)라는 말씀대로 이루어 주옵소서. 사랑하는 우리 형제들, 주님 섬기는 한길을 걷게 하시니 감사하고 기쁩니다.

주님을 만날 그날을 고대하며 예수님의 이름으로 기도합니다. 아멘.

코로나를 겪으며 얻은 의외의 선물

하나, 큰손자 (현성)가 군에 입대했습니다. 2월 23일에 마지막 식사를 하고, 다음날 논산 훈련소로 떠났습니다. 1992년 큰아들이 군에 입대했을 때가 생각나서 '네가 제일 힘들겠구나' 하며 며느리를 안아주자 눈물이 눈에 가득했습니다.

훈련소에서 퇴소식을 하고 정보통신 교육 후, 연천에 자대배치를 받기까지 면회가 허락되지 않았습니다. 다행히 훈련소에 이메일을 보낼 수 있어서 답장은 없어도 말씀을 보냈습니다,

주말에는 전화도 오고, PX도 갈 수 있고, 손자 카드에 초코파이 값도 넣어줄 수 있었습니다. 자대 배치 후에는 스마트폰도 보내줘서 편해졌습니다.

그리고 소식도 자주 오곤 해서 결코 쉽지 않은 시기에 훈련병을 많이 배려해 주신 나라에 감사했습니다. 하나님께서는 우리 가족공동체의 기도 제목에 답하셨습니다. 더욱 편하고 안전한 곳에서 보호하셨습니다.

둘, 코로나19 바이러스 때문에 온라인 예배로 전환되고 사회적 거리 지키기로 소통이 부족한 이때에 매일 받은 말씀을 보내는 것을 확대했습니다. 국내에서, 외국에 있는 집안 어른들과 가족, 성도들에게 말씀과 예쁜 그림을 뉴스보다 더 신속하게 배달하였습니다. 받은 분들이 또 다른 성도들에게 보내 코로나에 격리된 영혼들에게 큰 위로가 되었다고 합니다. 모두가 막힌 상황에서 함께 기뻐하니 제게도 큰 위로가 되었습니다. 이것이 받은 은혜를 흘려보내는 삶을 살게 하신 코로나의 선물입니다.

셋, 봄은 차창 밖에서 화사한 꽃들을 피우고 손짓했지만 마음대로 외출할 수 없어 집안의 구석구석을 정리 정돈하고 봄옷을 정리하면서 나갈 수 있는 날을 기다렸습니다. 하지만 상황이 더 어려워져 갔습니다.

우리 부부의 50년 결혼생활과 가족 역사가 담긴 사진첩을 정리하기 시작했습니다. 소중한 순간들을 다시 한 번 복기하면서, 그 사진들을 컴퓨터에 저장하고 꼭 필요한 것만 선택해 장례식용 CD를 만들기로 했습니다. 매일 사망자가 발표되는 상황을 지켜보면서 죽음이 가까이 있다는 걸 느꼈습니다. 그러나 가족의 역사를 기록하는 동안 물 붓듯 부어주신 하나님 은혜의 역사를 증명하는 사진을 보았습니다. 남편과 울다가, 웃다가 감사할 수밖에 없었습니다.

그동안 강직한 성품을 가진 남편이 감정과 느낌을 잘 표현해주지 않아 섭섭하고 말 못한 것이 많았습니다. 하루 세끼 밥을 함께 준비하면서 남편에게 도움을 청했습니다. 50년 결혼 생활 중 이렇게 함께 있어 본 것은 처음입니다. 건강식 메뉴를 새롭게 만들면서 점심은 남편이 좋아하는 양식을 만들었더니 의외로 좋아했습니다.

서로 느낌을 나누면서 생활하게 되자 남편이 원없이 사랑해야 할 귀한 사람이라는 생각이 들었습니다. 서로에게 솔직해지면서 더 친밀해져 갔습니다. 아침에 일어나면 정다운 말로 인사했습니다. 단짝 친구가 되어 완숙한 부부 관계가 되어가고 있습니다. 코로나가 가져다 준 선물입니다.

코로나로 지구촌에 그치지 않았던 내전들이 중단되었고, CO2가 6%나 줄어 공기가 좋아졌다고 합니다. 매일 세정제, 마스크, 손 씻기, 거리 지키기로 깨끗한 일상을 지키듯이 하나님 앞에 나갈 때 우리 심령을 늘 정결케 하는 것을 잊지 말아야겠습니다. C.S 루이스는 "반항하는 인간에게 고통의 깃발을 꽂을 때, 드디어 인간은 하나님의 음성을 듣기 시작한다"고 했습니다.

코로나의 고통 가운데 우리가 제자리로 돌아가기를 원하시는 그 하나님의 소원을 듣겠습니다. 전능자의 그늘 아래 머물게 하시옵소서. 아멘

2020. 5월에

남편과 함께 손잡고 걷는 이 길

남편과 결혼식을 하던 날이 아직도 기억에 생생한데 벌써 결혼 50주년을 맞았다. 남편은 모든 일에 검소하고 겸손하며 진실함으로 임하는 인품을 지녔다. 평생을 내게 늘 귀감이 되는 사람이다. 정의로운 일이라면 언제든 희생을 마다않고 뛰어드는 용기는 정말 칭찬할 만하다. 가장으로서 항상 성실히 일했으며, 교회에서는 충직한 일꾼이었다. 부족한 나를 늘 진심으로 아껴 주었으며, 친정 가족까지도 살뜰히 섬겨 주었다.

남편은 늘 나의 친밀한 동역자였다. 주부인 나로 하여금 2년 동안이나 신학대학원에서 기숙사 생활을 할 수 있도록 배려한 남편이 있었기에 오늘 내가 이 자리에 있다. 나의 미숙함을 채워주는 남편이 있어서 정말 든든하고 고맙다. 우리 부부에게 허락해 주신 가장 큰 복은, 더 나은 영적 삶을 위해 진지한 대화가 끊이지 않는

다는 점이다.

남편은 사실 은퇴 시간이 더 남아 있었지만, 일부러 시기를 조금 앞당겼다. 직장 후배에게 어린 두 아이가 있는데, 남편이 먼저 퇴직하면 후배가 밀려나지 않고 일할 수 있다는 말을 들었기 때문이다. 나는 남편의 그 결정을 기쁘게 지지했다. 그 결정이야말로 진정한 그리스도인으로 사는 것이라 생각한다.

물론 남편의 고백대로 직장에서는 은퇴했지만, 하나님 나라의 백성으로 살아가는 삶에는 은퇴가 없다. 사람이 금을 그어 놓은 형식 때문에 있을 뿐이다. 남편이나 나나 이제는 일선에서 생계를 위한 일은 하지 않아도 되지만, 더 많은 영역에서 영적인 성숙과 더불어 걸어가야 할 신앙의 여정이 남아 있다.

"우리가 알거니와 하나님을 사랑하는 자 곧 그의 뜻대로 부르심을 입은 자들에게는 모든 것이 합력하여 선을 이루느니라."(롬 8:28)

우리가 미래를 미리 감사할 수 있는 것은 약속하신 말씀을 믿기 때문이다. 영성을 가늠하는 척도는 감사의 능력에 달려 있다고 하지 않던가. 70여 평생 살아온 나의 역사는 기도 응답의 역사였다. 내 삶에 있어서 기도는 하나님의 보호 아래 머무는 가장 안전한 장치이고, 주님께 나를 묶어놓는 동아줄이다. 아직 끝나지 않은 이 복된 길을 함께 손잡고 걸을 수 있는 남편이 곁에 있어 참으로 행복하다. 이 땅에서 가장 친한 친구인 남편과 함께 남은 삶을 하나님 아버지께 맡긴다.

가족사진

필자의 결혼 50주년을 기념하는 의미에서 아들 내외가 마련해준 특별한 순간

큰아들 내외, 손자들과 함께

필자 부부

가족사진 갤러리

장로합창단 코랄카리스 팀원들과 함께. 왼쪽에서 두 번째와 세 번째가 필자 부부

미국에서 친정어머니의 장례를 마친 뒤 함께한 다섯 자매들
(신애. 근애. 설애. 성애. 순애)

이설애 저자의 어릴 적 가족사진
(조부모, 부모, 고모들, 다섯 자매가 같이 찍은 유일한 가족사진이다.)